BIBLIOTHÈQUE CONTEMPORAINE

GEORGE SAND

ŒUVRES COMPLÈTES

DERNIÈRES PAGES

PARIS
CALMANN LÉVY, ÉDITEUR
ANCIENNE MAISON MICHEL LÉVY FRÈRES
RUE AUBER, 3, ET BOULEVARD DES ITALIENS, 15
À LA LIBRAIRIE NOUVELLE

ŒUVRES COMPLÈTES

DE

GEORGE SAND

DERNIÈRES PAGES

DERNIÈRES PAGES

PAR

GEORGE SAND

PARIS

CALMANN LÉVY, ÉDITEUR

ANCIENNE MAISON MICHEL LÉVY FRÈRES

RUE AUBER, 3, ET BOULEVARD DES ITALIENS, 15

A LA LIBRAIRIE NOUVELLE

—

1877

IMPRESSIONS

ET SOUVENIRS

DANS LES BOIS

Le temps, toujours admirable, nous a permis de retourner dans les bois. J'étais curieux de définir la scabieuse, qui y fleurit encore en plein janvier. Et je ne l'ai pas définie. Elle offre des caractères qui ne s'accordent avec la description exacte d'aucune espèce enregistrée dans les nomenclatures, et, comme je n'ai pas la prétention d'en faire une espèce nouvelle, comme elle est probablement des plus vulgaires, je suis forcée d'attribuer les anomalies qu'elle me présente aux anomalies de la saison, qui lui procure une floraison intempestive. Le fait est sans importance; mais ce qui en a davantage, le voici : les manuels de botanique négligent trop de nous décrire les divers états par lesquels passe la plante avant d'arriver à l'anthèse. Ils ne la considèrent qu'à cet état de complet développement, puis ils sautent aussitôt à la fructification complète, qui leur sert à la classer; mais, de ses états intermédiaires et surtout de ses premiers efforts vers la floraison, il est bien rare qu'on nous parle, et il faut que l'expérience supplée à l'absence de certains caractères essentiels, ou à la présence de certains autres qui disparaissent à mesure que l'anthèse s'effectue. Tout le monde sait le rôle que joue la spathe, cette longue enveloppe foliacée qui sert à protéger les ombelles naissantes de l'angélique et des plantes de cette tribu. C'est ce qu'on est convenu d'appeler une prévision de la nature, n'en déplaise à ceux qui lui refusent toute prévision et toute conscience d'elle-même. La spathe se déchire ou se déroule juste au moment où la fleur a besoin de dépouiller ce lange solide et frais, qui dès lors se retire en se contractant, se sèche ou se roule, et parfois tombe tout à fait. Le bouton de certaines papa-

véracées est protégé par un procédé de végétation
plus curieux et plus simple encore. Les pétales
plissés et enroulés dans un calice pointu, formé
lui-même de sépales pétaloïdes enroulés, poussent,
détachent et jettent par terre cet entonnoir com-
plaisant qui a rempli sa mission. La nature, qui
sait se pourvoir de ce qui lui est nécessaire, se
débarrasse de ce qui lui devient inutile. Je sais
bien que des savants très-considérables disent
le contraire ; ils basent leur raisonnement sur
des faits d'exception qui, à mon sens, confirment
la règle.

Mais je ne suis pas là pour philosopher ; je
demande humblement des livres qui, sans être
des traités trop lourds, tiennent compte, dans
la description sommaire, de toute l'existence de
la plante. Le physiologiste qui ne s'attacherait
qu'aux résultats de l'âge mûr, sans avoir jamais
étudié l'enfant, ne connaîtrait pas la race humaine.

L'état de la végétation libre est, cette année,
très-digne d'observation. Hâtée en apparence
par une chaleur exceptionnelle, elle ne l'est
réellement pas beaucoup. Les fleurs qui s'en-
tr'ouvrent ne sont que des fleurs qui s'étaient

formées à l'arrière-saison et qui n'ont point rencontré l'arrêt de développement des gelées d'hiver. Les genêts pileux, qui fleurissaient encore le mois dernier, n'ont pas fait apparaître un bouton nouveau. Les bois sont loin de bourgeonner comme les arbres de nos jardins ; là où la nature est livrée à elle-même, elle ne se trompe pas tant qu'on croit.

Mais ce qui m'a frappé dans cette promenade, c'est un surcroît de précaution, c'est-à-dire de vêtement, dans ces fleurs tardives qui ont traversé les premiers froids sans périr. Les calices, les involucres, les spathes, les bractées, tout l'outillage de l'emmaillottement des boutons a pris des proportions doubles, en longueur et en épaisseur, de leurs conditions ordinaires. Les feuilles découpées restées vertes se sont effilées et déchiquetées au delà de leurs habitudes, comme pour offrir moins de prise aux intempéries. Les feuilles caulinaires qui se sont hasardées à sortir de terre sont presque à l'état coriace. En somme, si la plante cultivée obéit aux soins de l'homme, si les jeunes blés semés tardivement et poussés d'engrais regagnent le temps perdu, si les plantes d'utilité ou d'ornement se pressent de profiter de leurs abris et semblent compter qu'on les préservera de tout dommage, la Flore sauvage ne fait pas les imprudences dont je m'effrayais il y a quelques jours; tout est rentré dans l'ordre au fond des bois. Excepté *Erica scoparia*, qui vient à son heure, les bruyères ne s'apprêtent pas à fleurir. Leurs nombreuses légions pourraient cependant braver de mauvais jours, sans danger de compromettre les espèces. J'ai pu, cette fois, en compter cinq dans une région où les nomenclateurs du centre ne les savent pas réunies: *Erica* ou *calluna vulgaris*, *E. cinerea*, *E. scoparia*, *E. tetralix*, *E. vagans*. Il se pourrait bien que, dans une nouvelle exploration, je vinsse à trouver *ciliaris*, qui n'a pas été signalée chez nous. Alors, nous aurions tout le genre réuni dans la même localité.

Vous croyez que j'ai pris la plume pour vous parler botanique? Pas du tout, je signale malgré moi la situation florale, car je comptais parler des souvenirs et des réflexions qui me sont venus sur un sujet bien différent.

Oh! oui, bien différent, car bien diverses sont les destinées humaines et les préoccupations des esprits. Celui-ci, enfermé dans le cercle d'une modeste existence, s'en va, comme moi aujourd'hui, marcher tout un jour pour savoir si telle ou telle fleurette habite telle ou telle lande. — Et celui-là, celui à qui j'ai pensé aujourd'hui et dont tout l'univers va parler demain, s'est agité toute sa vie pour réaliser les rêves superstitieux d'une ambition démesurée. Il y a des hommes qui ne peuvent se passer de dominer les autres. Il en est qui n'aiment pas à contrarier un brin d'herbe. Tous les goûts sont, dit-on, dans la nature, mais quels abîmes entre les différents types humains !

Quand j'ai lu hier dans un journal que l'état du malade de Chislehurst était grave, j'ai senti qu'il était mort au moment où nous lisions cette dépêche. « N'était-il pas déjà mort à Sedan ? Pourquoi ne s'y est-il pas fait tuer ? » s'écrie-t-on de toutes parts. — Sans doute il a manqué là une belle occasion de mourir, mais la raison qui la lui a fait manquer est bien simple : un mort ne peut pas courir à la mort.

Il y avait déjà trois ans que Napoléon III n'existait plus. Les événements n'agissaient plus sur lui que comme la pile de Volta sur un cadavre. Ses velléités libérales de la dernière heure étaient, dans la situation où il se plaçait, des illusions que le raisonnement ne contrôlait plus. La guerre avec la Prusse ne fut même pas une illusion, car il ne sut pas cacher que le spectre de la défaite lui était apparu et l'emmenait fatalement à sa perte. Alexandre Dumas fils a dit qu'en se rendant prisonnier, il crut sauver son armée et la France. Cette illusion étant insensée, elle est possible chez un moribond dont l'âme flottante n'est plus capable de lâcheté ni d'héroïsme, et ne distingue plus le songe de la réalité.

Au reste, pour qui aurait étudié de près, sans prévention d'aucun genre, toute la vie de cet homme funeste, je crois que l'observateur se serait assuré d'une chose nouvelle à dire, mais ancienne dans l'histoire : c'est que certains personnages historiques n'ont pas eu de libre arbitre et n'ont pas existé dans l'acception que nous donnons au mot existence comme conscience de la vie. Celui-ci a été traité d'homme chimérique. Le mot est juste s'il désigne un cerveau nourri de chimères, encore plus juste s'il dépeint un être problématique, insaisissable à l'analyse. Moi, je dirai simplement l'impression qu'il m'a causée personnellement.

Au temps de Ham, par correspondance, écriture et rédaction d'un jeune homme sans énergie, dominé par une vision énergique, vision conçue dès l'enfance, entretenue par un entourage dont il subissait la pression avec une lassitude résignée ; point d'instruction réelle, beaucoup d'intelligence, les rudiments et même les éclairs d'un génie plutôt littéraire que philosophique et plutôt philosophique que politique. Santé perdue, vitalité chancelante, inégale, suspendue par moments avec des reflux d'expansion et des refoulements douloureux. Point d'amertume cependant, point de rancunes, peu de courroux ; trop contemplatif pour être passionné ; aimable, aimant, fait pour être aimé dans l'intimité, désintéressé de tout pour son compte, et pourtant — voyez quels contrastes formidables ! — capable des plus grands crimes politiques, parce que ses notions de droit humain différaient entièrement des nôtres.

Quand je lui ai parlé, quand je l'ai vu à l'Élysée, deux fois en une semaine, j'ai été complétement abusée par lui, et ensuite, me croyant jouée, je n'ai plus voulu le revoir. J'ai quitté Paris et manqué à un rendez-vous donné par lui. On ne m'a pas dit : « Le roi a failli attendre, » on m'a écrit : « L'empereur a attendu. »

Mais j'ai continué à lui écrire quand j'espérais sauver une victime, à commenter ses réponses et à l'observer dans tous ses actes ; je me suis convaincu qu'il n'avait voulu jouer personne ; il jouait tout le monde et lui-même. Il croyait à ce qu'il disait; mais, se regardant comme unique moyen de salut, comme l'instrument investi d'une mission inévitable, ne se sentant pas l'énergie physique et morale nécessaire, mais comptant la trouver dans l'arrangement fatal des circonstances, il adoptait toutes les idées qu'on voulait lui suggérer, sous forme d'oracles : « Allons toujours ! se disait-il; si telle chose est impossible, je passerai à une autre, et si elle est mauvaise, le résultat me l'apprendra. » L'exercice du pouvoir absolu aidant, cette illusion de jouer à pile ou face avec les événements devint une monomanie, et le fatalisme tranquille et patient prit toutes les apparences d'une force et d'une habileté.

L'habileté était nulle. L'homme était naïf sous

son air contenu et réfléchi. Il ne posait pas comme son oncle. Il n'avait pas appris à se draper dans la toge antique. Il était petit, voûté, flétri, et ne cherchait point à paraître majestueux. Louis Blanc, qui l'avait vu à Ham, lui avait trouvé un profil et un regard d'aigle en cage. Le regard d'aigle avait disparu quand je le vis ; la cage était restée ; quelque chose d'inquiet, de contraint, de timide, qui se résolvait en expression affectueuse et triste. Je n'ai pas à raconter ici les paroles échangées entre nous sur le rôle qu'il jouait à cette époque. Je n'allais point le voir pour l'interroger. Il me répondit quand même et ses promesses ne furent point tenues. Mais je trouvai une grande sensibilité et une spontanéité de bonne résolution qui me frappèrent vivement. Je crus, pendant une quinzaine, qu'il réparerait tout et qu'il lutterait véritablement pour tout réparer. Je me méfiais de son énergie, elle fut au-dessous de ce que j'attendais. La persécution ne se relâcha à l'égard de quelques-uns que pour peser plus cruellement sur le grand nombre. Une prétendue, une fausse raison d'État frappa d'impuissance l'homme de sentiment qui déplorait, dans le principe, les moyens dont on s'était servi pour lui donner le pouvoir, qui paraissait en ignorer les excès, être prêt à les désavouer. Il ne désavoua rien et accepta avec une lâche douleur les meurtres de la rue et les iniquités de la persécution dans toute la France. Lui, sans haine et sans ressentiment, chevaleresque au besoin quand il s'agissait d'oublier une injure personnelle, il servit les haines aveugles, les vengeances odieuses, je ne dirai pas d'une classe de citoyens, ce ne serait pas vrai, mais de la légion de ces gens de proie qui, dans toute localité et en toute circonstance, sont sur la brèche dans les mauvais jours pour dénoncer, maudire et calomnier leurs ennemis personnels ou seulement les adversaires dont ils redoutent l'influence et la moralité. C'est à ces meneurs de réaction qu'au grand scandale et à la grande tristesse des honnêtes gens de tous les partis, l'aveugle souverain, grisé par le succès du premier plébiscite et n'en comprenant pas les causes profondes, se fit l'esclave et l'obligé des moyens apparents de son succès. Il ne comprit pas qu'il pouvait être humain sans danger. En cela comme en tout, il se trompait. Il se trompait comme se trompait le parti radi-

cal en attribuant l'élan du vote des campagnes
à la pression des meneurs. Cette pression existait, mais elle était parfaitement inutile. La
légende napoléonienne et l'effroi d'une république sans force et sans union servaient l'Empire
en dépit de ses agissements sans pudeur.

L'Empire était proclamé, je ne saurais dire
fondé ; le titulaire en sapait la base lui-même
en montant sur ce pavois souillé que lui ten-
daient les mauvaises passions. Né honnête
homme, il se faisait porter en triomphe par des
ambitieux dépourvus de tout scrupule. Ce qu'il
y avait d'impur dans la nation française allait
travailler pour lui et le rendre solidaire de tout
le mal commis et à commettre. La France passa
condamnation. Et alors il se crut grand et fort.
Il entreprit de grandes choses qui ne pouvaient
aboutir. Il parut devoir mener à bien tout ce
qui répondait au sentiment public. Homme à
principes erronés, il gouverna une nation qui
manquait de principes et qui mettait un idéal
de prospérité romanesque à la place de la vraie
civilisation, le succès et la chance à la place
du droit et de la justice.

C'est donc par le sentiment seul qu'il pouvait

la conduire ; il l'avait compris un instant en voulant sauver l'Italie. Il manqua de confiance pour son dénoûment et tomba au dernier acte. Dès lors son étoile pâlit, et il ne la vit plus. Peut-être cessa-t-il d'y croire, peut-être cet illuminé devint-il sceptique ; son intelligence ne pouvait survivre à une telle transformation. Il commença à mourir durant la guerre du Mexique.

La France l'avait trop accepté, elle était devenue chimérique comme lui, elle partagea sa décadence en la précipitant. Elle se trouva désorganisée, anarchique et sans conscience d'elle-même. Elle le maudit avec excès quand elle se vit perdue, l'implacable colère ne s'avoua pas qu'elle était trop tardive pour être digne.

Une colère plus logique et plus noble fut celle de Victor Hugo, qui, dès le début, lança le plus éloquent de ses anathèmes à Napoléon *le Petit*. Mais le grand poëte romantique n'eut pas ici le sens suffisant de la réalité. Son chef-d'œuvre restera comme un monument littéraire, il n'a pas de valeur historique. Napoléon III ne mérita jamais « ni cet excès d'honneur ni cette indignité » d'être traité comme un monstre. Il ne mérita pas davantage d'être rabaissé jusqu'à l'idiotisme. Il eut, comme homme privé, des qualités réelles. J'ai eu l'occasion de voir en lui un côté vraiment sincère et généreux. Il eut aussi un rêve de grandeur française qui ne fut pas d'un esprit sain, mais qui ne fut pas non plus d'un esprit médiocre. Vraiment la France serait trop avilie si elle avait subi pendant vingt ans la toute-puissance d'un crétin travaillant pour lui seul. Il faudrait désespérer d'elle à tout jamais. La vérité est qu'elle prit ce météore pour un astre et ce songeur silencieux pour un homme profond. Puis, quand elle le vit succomber à des désastres qu'elle eût dû prévoir et prévenir, elle le prit pour un lâche.

Il ne l'était pas, il avait un courage froid et je ne crois pas qu'il tînt à la vie. Il se sentit écrasé, désillusionné de son rôle, peut-être las de lui-même.

On a sans doute conspiré beaucoup autour de lui dans son dernier exil. On doit avoir hâté sa fin en stimulant ce reste de vie, qui fut employé, des gens bien informés me l'ont dit, devinez à quoi ? à faire des paysages à l'aquarelle qui lui plaisaient beaucoup.

Il s'est cru l'instrument de la Providence. Il ne fut que celui du hasard. Le parti, d'abord minime, et tout à coup immense, qui le porta au faîte du pouvoir ne fut même pas un parti, si, par là, on entend une fraction de nation obéissant à une doctrine, à un système, à une croyance quelconque. Ce fut un essaim d'aventuriers d'abord, et puis une réunion d'intéressés spéculant sur l'aventure, et puis l'engouement soudain des masses, dégoûtées d'une république en dissolution. La France, devenue industrielle sous Louis-Philippe, n'était pas redevenue politique; ne sachant pas se gouverner elle-même, elle se jeta dans l'inconnu. La république s'était suicidée en juin par une effroyable scission entre le peuple et la bourgeoisie. Nous n'étions plus dignes de la liberté. L'inconnu étrange, triste, poli et froid, passait dans la rue sur un cheval dressé aux courbettes. Je lui trouvai, ce jour-là, le profil de don Quichotte. Des gens, arrivés à ce spectacle pour le siffler, l'acclamèrent; je n'ai jamais su pourquoi. Une sorte de vertige s'était emparé de ce Paris des boulevards qu'il avait mitraillé la veille. Ce fut un triomphe. Il en parut étonné, et peut-être, car il avait ses moments d'esprit et de malice discrète, comprit-il qu'il devait cette ovation à la grâce de son cheval. Paris est artiste, Paris est enfant. Paris est sublime et niais, admirable aujourd'hui, absurde demain. Il vit cela et il osa, lui qui avait un grand fonds de timidité modeste. On le voulait impudent, il le fut. Il commanda, dit-on, son manteau impérial. Des ouvrières étaient occupées à en broder les abeilles d'or, qu'il disait encore à ceux qui le poussaient en avant : « Non, je ne trahirai pas la République ! » Et le merveilleux de l'affaire, c'est qu'il le disait de bonne foi. Il était dupe de lui-même jusqu'au dernier moment. On le persuadait tout d'un coup, en lui montrant le succès obtenu en dépit de son inaction, de ses scrupules ou de sa gaucherie. Il se disait alors : « C'est ma destinée, donc c'est mon devoir. » Et rien ne comptait plus dans sa conscience ni dans sa mémoire. C'était le fanatisme d'un autre siècle mettant l'aigle dans le nimbe à la place du calice. Il ne connaissait pas le remords, pouvant toujours se dire : « Ce n'est pas moi qui l'ai voulu ; c'est la fatalité qui me commande. »

Ce portrait n'a pas la prétention de s'imposer à l'histoire. Il sera nié, discuté, refait de mille manières ; moi, je le crois, non bien fait, mais ressemblant. Je l'ai reconstruit en me promenant dans les bois et en me rappelant l'ensemble des détails qui m'ont frappé. Le premier venu des êtres humains est très-difficile à connaître et à classer. Le plus difficile de tous est celui dont la vie a été l'objet de l'émotion et de la curiosité publiques. Ni la haine ni l'engouement n'ont pu le juger.

De grandes prospérités apparentes, cachant des plaies profondes et des cataclysmes imminents, caractérisent les deux règnes des deux Napoléon, essentiellement dissemblables. La ressemblance, c'est que l'étoile des Napoléon est terrible. C'est le fatalisme oriental servi par la légèreté française, et, si l'on me dit que j'ai parlé du trépassé de Sedan avec trop d'indulgence, je répondrai ceci pour me résumer : « Le grand coupable, c'est l'esprit aventureux de la France. » Je voudrais avoir encore plus de bien à dire du caractère privé de Napoléon III ; je voudrais pouvoir affirmer qu'il a été angélique, irréprochable, servi absolument malgré lui, qu'il fut tout à fait trompé sur la nature des infamies commises pour le triomphe de sa cause, comme il fut

trompé sur la possibilité de soutenir l'effort de
l'Allemagne. — Et devant cet homme investi du
pouvoir suprême, homme parfait, je le suppose
tel, qui ne sait pas, qui ne voit pas, qui marche
dans un rêve, qui dispose d'une nation dont il
ignore les ressources et dont il contrarie les
besoins en lui supposant ceux qu'elle n'a pas,
je crois qu'il y aurait enfin à reconnaître que
le meilleur des hommes peut être le plus funeste
des souverains, que remettre les destinées de
tous à un seul est l'acte le plus coupable et le
plus insensé que puisse commettre un peuple
civilisé. Ah! nous sommes des Français du dix-
neuvième siècle, et nous voulons encore *nous
payer* « des enfants du miracle » : Henri V, le
futur sauveur ; des « hommes du destin » : Napoléon le foudroyé ; des empereurs « à mission » : Napoléon le néfaste ! Continuons ! Après Waterloo
et Sedan, il y a encore des abîmes pour nous
reposer de nos gloires, de nos splendeurs et de
nos fêtes.

NUIT D'HIVER

Il faudrait pourtant bien nous amuser un brin, me dit mon frère. A-t-on jamais passé un plus triste carnaval? Le *baron* a parlé politique toute la soirée, et le voilà qui va se coucher à dix heures du soir, me laissant là, moi qui ne suis pas gris, avec toi qui n'es pas gaie.

— Je suis gaie quand on me rend gaie. Tu es chargé d'avoir l'initiative. Voyons, que veux-tu faire de gai, à dix heures, quand toute la maison dort?

— Il n'y a rien de gai à faire ici. Allons nous promener.

— A cheval? Il fait diablement froid. Quant à la voiture, il faudrait que Vincent se levât; je doute qu'il goûte la proposition.

— Prenons tout simplement la clef des champs.

— Soit. Où allons-nous?

— Nous irons relancer Duteil, qui trouvera quelque chose de drôle.

— Alors, nous allons à la ville?

— Nous y allons.

— Il faudrait être déguisés !

— Déguisons-nous. Je vais mettre le costume de paysanne que tu m'avais préparé dimanche dernier. Toi, prends le costume de garçon, tu seras mon petit frère.

Un quart d'heure plus tard, nous nous retrouvions au salon, lui habillé en femme, moi en gamin, gros pantalon de drap, gros souliers ferrés, blouse de roulier sur un gros gilet de laine tricotée, les cheveux cachés par un bonnet de coton bleu à haute mèche rouge, le masque attaché à la boutonnière.

— Si nous faisons du bruit, dis-je à mon frère, nous n'irons pas loin. Le *baron* ne voudra pas que tu m'emmènes.

— Il n'en saura rien ; et d'abord, nous allons sortir par la fenêtre. Je t'aiderai à sauter.

— Ce ne sera pas la première fois.

Nous voilà sur la route. Un froid de loup. La gelée craque sous nos pieds. Mais la nuit est claire et les étoiles sont gaies.

Nous prenons à travers champs, c'est le plus court. Nous gagnons le chemin de Montgivray. Le pont n'est pas raccommodé, mais la rivière est prise. Nous la passons sur la glace en deux endroits. Après une petite heure de marche, nous arrivons à la ville par le chemin qui longe le cimetière, et nous montons la rue des Capucins. Tout dort. L'horloge sonne la demie après onze heures. La ville est muette. Pas une lumière aux fenêtres, pas un chien dans les rues, pas un réverbère allumé. C'est comme tous les jours.

Mais, en approchant de l'hôtel *Saint-Germain*, nous entendons les violons et les cris des danseurs de bourrée. C'est le bal des ouvriers. Nous mettons nos masques, nous payons six sous chacun et nous entrons.

Personne n'est déguisé. Notre entrée fait sensation. On nous traite de chienlits. Nous prenons place à la danse, moi faisant l'homme et conduisant ma colossale danseuse dont on commence à s'émerveiller.

— La belle femme ! dit l'un.

— Ça ? c'est un homme.

— Mais non. Ça danse très-décemment.

— Et puis ça a le cou blanc comme du lait. C'est une femme, et pas paysanne du tout.

Le docteur Verneuil, qui est le coq de village des belles ouvrières, se trouve fort intrigué. Il ne reconnaît pas celle-là. Il me bouscule pour arriver jusqu'à elle. Je lui campe un soufflet. Il veut me battre, mon frère me protége. J'invite Ursule, qui me reconnaît avant que je lui aie dit un mot, et qui me garde le secret. On trouve que nous dansons la bourrée en vrais enfants du Berry. Donc, nous ne sommes pas des étrangers.

L'incognito m'encourage. Je me livre à des fioritures chorégraphiques dans le bon style du pays. Le succès augmente, mon frère fait des grâces inouïes. Nous improvisons une montagnarde très-applaudie. L'assistance s'écrie, enthousiaste :

— C'est des Auvergnats!

Mon masque tombe. Je continue sans m'en

apercevoir, mais personne ne me reconnaît. Ils sont tous si loin de penser à moi! Pourrait-on jamais supposer...? Et moi-même, personnage grave en dedans, et en possession d'un sang-froid souvent mis à l'épreuve, je ne pense pas que ce soit moi. Non, ce n'est pas moi, c'est l'autre. C'est le petit qui s'amuse, comme dit mon frère.

Les ouvriers sont très-bons camarades avec nous. Au fait, beaucoup d'entre eux sont des camarades d'enfance. Fils d'artisans souvent employés chez notre grand' mère lorsqu'elle fit bâtir une grande partie de la maison inachevée, ils ont travaillé chez nous avec leurs parents maçons, peintres et charpentiers, et se sont volontiers dérangés de leur tâche pour courir avec nous dans le jardin, grimper aux arbres et piétiner les plates-bandes. Ils ont fraternellement partagé les coups de balai et les arrosades que nous administrait le jardinier. Ils pourraient fort bien nous reconnaître et se déclarer enchantés de notre visite. Mais ces bals *d'artisans*, comme on dit ici, sont hantés par des hétérogènes, les jeunes bourgeois du cru épris des grâces de nos grisettes. Dame, elles sont jolies et d'humeur légère ! elles aiment mieux les messieurs qui ont des bottes et des cols de chemise que les pauvres *tabayons* (porteurs de tabliers de cuir). Ceux-ci épousent, pourtant; ils ont donc grand tort de permettre l'entrée de leur bal à ces jolis cœurs.

Mais nous ne sommes pas venus là pour faire de la morale. J'ai remis mon masque, mon frère n'a pas ôté le sien; nous nous esquivons, car nous voulons que Duteil nous aide à faire quelque chose d'excentrique et nous allons le trouver.

Tout est fermé, tout dort chez lui. Nous chantons une romance sous sa fenêtre. Il reconnaît nos voix, se lève en prenant soin de ne pas éveiller sa femme, descend et, sans témoigner aucune surprise :

— Or donc, dit-il, qu'est-ce que nous pourrions faire de gai ?

— C'est ce que nous venons te demander.

— Faisons quelque chose de bête.

— Ça ne changera rien à nos habitudes.

— Si fait, il y aura préméditation.

— Eh bien, insultons les passants.

— S'il en passe !

— Réveillons les gens paisibles. Sonnons aux portes.

— C'est bien connu, mais c'est toujours bon.

— Non, non ! attendez, voilà M. Cuinat qui rentre chez lui. Arrêtez-le et mystifiez-le un peu. Moi, je me tiens à l'écart, ou mieux, je vais chercher un déguisement, car on ne peut rien faire sans cela.

Il court, je ne sais où, et nous allons à la rencontre de notre vieux ami M. le maire. Mon frère se jette dans ses bras en lui demandant aide et protection et lui fait une histoire d'enlèvement à laquelle le bonhomme ne comprend rien. Nous le suivons jusqu'à sa porte, qu'il nous ferme au nez en nous menaçant des gendarmes, disant qu'il ne sait pas si nous sommes des voleurs ou des farceurs. Duteil revient avec une vieille robe de chambre et un bonnet de nuit à rosette. Il a l'air du Malade imaginaire. Nous parcourons les faubourgs en aboyant. Duteil a un talent extraordinaire. Il connaît la note qui irrite le chien le plus paisible et le plus endormi. De proche en proche, la clameur gagne, et bientôt tous les échos de la ville ne forment plus qu'un hurlement entrecoupé de grincements furieux. La police s'en émeut et intervient en la personne du *valet de ville.*

— Pourquoi ce tapage nocturne, messieurs?

— Croyez-vous, lui répond gravement Duteil, que je veuille avoir le dernier avec des chiens ?

Cette bonne raison persuade l'agent, qui nous laisse continuer. Nous crions sous les fenêtres de la bourgeoisie, appelant chaque citoyen par son nom. Plusieurs s'éveillent, ouvrent leur fenêtre et demandent ce que nous leur voulons.

— C'était simplement pour savoir si vous n'étiez pas morts, leur répond mon frère.

Il en est qui se fâchent et nous menacent on sait de quoi. Nous n'attendons pas que l'effet s'ensuive ; nous décampons pour passer à un autre divertissement, qui est de contrarier les couples amoureux qui rasent les murs, et de les suivre pas à pas en parlant entre nous avec animation, comme si nous ne faisions nulle attention à eux, nous arrêtant quand ils s'arrêtent et reprenant le pas quand ils poursuivent, mais sans cesser de causer à haute voix de nos prétendues affaires.

Un paysan qui a fêté Bacchus, passe, dormant sur sa bête qui dort aussi. Nous la faisons dou-

cement tourner de tête en queue, et elle em-
mène le bonhomme Dieu sait où.

Tout cela nous a ramenés au centre de la
ville; le bal est fini. Mon frère a soif et veut
entrer à l'hôtel *Saint-Germain*. Je m'y oppose.
Je le connais: s'il boit, il se grisera, et je serai
forcée de revenir seule. Duteil m'approuve. Nous
lui permettons d'entrer à l'auberge, nous l'at-
tendrons à la porte.

Je suis un peu lasse, et j'ai encore six kilo-
mètres à faire avant de retrouver mon lit. Je
m'assieds sur une borne. Duteil me fait vis-à-vis
de l'autre côté de la rue, étroite, comme on sait.

— Eh bien, me dit-il, vous êtes-vous amusée?

— Beaucoup; et toi?

— Moi, je m'amuse d'autant plus que je recommence ce qui m'a amusé cent fois.

— C'est assez profond, ce que tu dis là. C'est
toute une philosophie.

— Au fait..., oui, philosophons. Et, d'abord,
qu'est-ce que la vie?

— Un rêve, disait le maréchal de Saxe, et il
ajoutait: « Le mien a été beau ».

— Belle parole pour un homme qui voit venir
la mort. Mais vous, vous et moi, si vous voulez,

que dirions-nous de notre rêve, si le moment était venu de le résumer?

— Nous dirions qu'il a été gai.

— Le mien, oui. Quand je ris, je suis gai jusque dans mes moelles. Mais vous, sainte tranquille?

— Qu'est-ce que tu dirais, si je te prouvais que je suis plus gaie que toi?

— Voyons!

— Tranquille ou contenu, le personnage que je suis n'est pas démonstratif, il ne fait pas de bruit, il ne rit pas fort. Mais il s'amuse de tout et toujours. Par exemple, me voilà sous l'apparence d'un gars berrichon, assise sur cette borne et causant avec toi sur les trois heures du matin par une jolie nuit d'hiver, quand je pourrais être chaudement roulée dans mes couvertures et dormant comme un loir. La chose n'est pas plus plaisante que cela. Elle m'amuse pourtant, non pas parce qu'elle paraîtra drôle, personne ne doit en savoir un mot; elle m'amuse parce qu'elle est le contraire de l'inaction, du sommeil et de l'oubli, trois choses qui n'existent pas, puisqu'on ne les sent pas.

— Bien raisonné, dit Duteil en se drapant

dans ses loques. Donc, vivre est tout et la vie est un bien ! — O ami ! qu'en penses-tu !

Il s'adressait à un passant attardé et quelque peu gris qui traversait notre dissertation d'un pas inégal, la tête dans les épaules et le nez dans son manteau.

Le passant s'arrête, réfléchit un instant, et répond sans se troubler :

— La vie est un bien, tant qu'il y a du vin.

— Tiens, c'est ★★★ ! Va te coucher, ivrogne ! tu as la figure salée et tu me donnerais envie de boire si je te regardais plus longtemps. Sache qu'en ce moment ma lyre est montée sur le mode ionien et que je méprise tes joies grossières.

— Avec qui parlais-tu donc ? dit le quidam en cherchant des yeux autour de lui.

— Avec les étoiles du ciel, animal ! Bonsoir.

Il passe et Duteil reprend :

— Oui, la vie est un bien et chacun le sent; mais le sage se rend compte de ses joies, et peut-être le plus sage est-il celui qui, comme vous, ma chère amie, savoure sans bruit cette liqueur dont les autres s'enivrent. On prétend que la vie est pleine de maux, de périls, de fatigues et de troubles. Parbleu ! nous en avons notre part souvent lourde ou irritante ; mais à qui la faute ? Ce n'est pas celle de la vie ; c'est la nôtre, à nous qui oublions de vivre pour aspirer à des plaisirs ou à des travaux qui la détériorent ou la détruisent. A quoi songent tous ces bourgeois qui vont se lever de grand matin pour aller surveiller le rendement de leurs terres et le prix courant de leurs blés ? Des terres ! avoir des terres ! voilà leur rêve à tous, et voilà pourquoi ils se privent de tout. Et la terre est là pourtant, qui leur dit : « Je suis précieuse et bonne, parce que la vie est en moi. Mettez une poignée de moi dans un pot et semez-y quelques petites graines de réséda ou de violettes, je vous ferai pousser de quoi vous enivrer des plus doux parfums. » Quant à nous, chère amie, vivons pour vivre et réjouissons-nous dans tout ce qui vit, comme nous nous amusons de tout ce qui n'est pas la mort. — Voyons ! n'es-tu pas mort ? ajoute-t-il en voyant revenir mon frère.

— Partons, dit celui-ci. Ne viens-tu pas nous reconduire un peu ?

— Si fait bien. Je vous reconduis jusqu'à Montgivray. J'ai besoin de prendre l'air.

L'idée est étrange, car nous l'avons pris toute

la nuit. Mais, chemin faisant, il nous démontre
que l'air qu'on prend sans y faire attention et
en pensant à autre chose ne vivifie pas comme
celui qu'on prend pour le prendre. La nuit est
plus douce à mesure que la lune monte dans un
grand lac de petites nuées blanchâtres. Nous
suivons les méandres de la rivière glacée, que
borde une frange diamantée. Le courlis sanglote
dans les roseaux desséchés. On dirait d'un petit
enfant abandonné dans les herbes du rivage. La
solitude est absolue. Les arbres jettent leurs
ombres grêles sur le sentier de telle façon qu'on
lève instinctivement le pied pour monter ou
descendre des escaliers imaginaires. On se dit
adieu au carrefour de la Croix-Blanche, mauvais endroit hanté par les *meneux de loups*. Mais
Duteil nous raconte des légendes et nous le
reconduisons jusqu'au cimetière, d'où, à son tour,
il revient avec nous jusqu'au grand arbre. Enfin
on se sépare, en promettant le secret sur mon
équipée. Duteil s'éloigne en chantant à pleine voix:

Ego sum pauper !

Et nous lui répondons en canon, jusqu'à la
sortie des Chottes. Alors, nous cessons nos chants

et nos rires, nous allégeons nos pas et nous rentrons sans bruit par la fenêtre, comme nous sommes sortis. Il n'y a pas de temps à perdre pour dormir une heure avant le réveil des bouviers et des moineaux.

VOYAGE CHEZ M. BLAISE

A J.-N.

Je ne veux pas te priver du récit de cette
mémorable journée d'hier; tu nous avais prédit
que nous déjeunerions chez M. Blaise avec des
coquilles d'œuf, pas même avec des coquilles de
noix, vu que ça se brûle et que l'avare modèle
ne laisse rien perdre. Eh bien, nous avons pan-
tagruéliquement *banqueté*. Il est vrai que la
chose n'a rien coûté à notre hôte. — *Hydrogène*,
en nous invitant à déjeuner sur l'herbe en pleine
vallée Noire, dans les prairies de son joli papa,
avait tout prévu et tout envoyé chez lui. D'autre
part, les convives appartenant à la famille avaient

tous porté quelque chose, café, dessert, sucre, etc.

Nous sommes arrivés, mon frère et moi, comme le dernier des quatre-z-officiers de *Malbrouck*, c'est-à-dire ne portant rien, qu'un terrible appétit, excité par une longue course équestre dans des chemins endiablés et l'air piquant de la saison.

Comme nous entrions au galop dans la cour, — il faut toujours se payer une belle entrée, — le premier objet agréable qui frappa nos regards, entre un tas de fumier et une paire de bœufs crottés jusqu'à l'échine, fut *celle* que nous avons baptisée « Rose-du-Bengale ». Elle avait les manches retroussées jusqu'au coude et fouettait une crème dans une écuelle de terre. Après elle, nous apparut Caroline au long nez, à l'œil noir, au teint vermeil. Rondelette et mieux que jolie, charmante : elle remuait, au seuil de la maison, une casserole d'où s'exhalait un doux parfum d'oignon et de graisse chaude.

Alors apparut Hydrogène, qui ne tenait rien que ses mains au bout de ses bras, mais en les laissant pendre d'une si étrange façon, que je crus, à les voir si molles et si flottantes, qu'il secouait une paire de gants.

— Dieu vous bénisse ! s'écrièrent-ils d'une commune voix. Nous avons cru que vous aviez oublié le rendez-vous.

— J'avais trop faim pour l'oublier, répondis-je en sautant sur le pavé, qui n'était pas très-propre et d'où je fis jaillir je ne sais quel liquide noir à la figure de mes hôtes.

— Bah ! dit Hydrogène en s'essuyant, à la campagne !

J'embrassai ces dames, qui sentaient fort le ragoût, s'étant mises bravement à l'œuvre et dévouées au salut de tous :

— Vous êtes des anges, leur dis-je, et j'ai honte de ne savoir rien faire d'utile. Ne puis-je vous servir de marmiton ?

— Et moi de sommelier ? dit mon frère.

— Non, non, vous êtes les invités, lui répondit Rose-du-Bengale. Pourtant vous avez quelque chose à faire : vous surveillerez le râtelier pour que M. Blaise n'aille pas enlever le foin et l'avoine qu'on donnera à vos chevaux et aux nôtres. Votre sœur va fouetter la crème pendant que j'irai mettre la broche.

Elle me confia l'écuelle et disparut. Mais je n'eus pas essayé de ce passe-temps plus de deux minutes qu'il me sembla singulièrement monotone et que je posai l'écuelle sur la margelle d'un vieux puits qui se trouvait là fort à propos. Tout aussitôt un bataillon de guêpes vint brutalement goûter la crème et s'y plonger comme des sauvages qu'elles étaient. Je les chassai, et j'allais reprendre mon travail, quand arriva un groupe d'abeilles discrètes, proprettes, dorées par le pollen des ficaires fraîchement écloses. Avec quelle grâce délicate elles trempèrent leurs petites pattes dans la mousse sucrée qui marbrait les bords du vase !

— O sages et honnêtes ouvrières, m'écriai-je, que je ne mange jamais de crème en neige, si je vous dérange avec ce balai impie, formé de branches de groseillier !

Et je m'absorbai si bien dans la contemplation de ces charmantes créatures descendues de l'Hymette pour m'inviter au repos, que la crème ne prit aucune consistance et que Rose, en venant me demander compte du dépôt sacré, s'étonna du peu de succès de mes efforts.

— Il faut, lui dis-je, honteuse de mon oubli, que ce soit le voisinage du puits et la fraîcheur qui s'en exhale qui aient contrarié l'opération.

La bonne ménagère se paya de cette raison et
se rapprocha de la cuisine. Elle n'eut pas plutôt
fouetté pendant un quart d'heure et sué d'autant, que le mets prit une consistance et une
blancheur admirables. Hydrogène, qui étudie la
chimie, trouva une explication pour ce phénomène et je ne fus pas grondée.

Je m'en allai promener mes remords dans le
verger. C'est un endroit délicieux, où volaient
déjà les coliades et où les grimpereaux tour-
naient gaiement autour des branches chargées
de mousses humides. Je ne sais pas si tu es venu
herboriser dans cet enclos, qui ne porte, en ce
moment du renouveau, aucune trace de pas
humains. Un gazon, court et encore jauni par
les dernières gelées, descend en pente rapide
vers le fond de la vallée où coule la Vauvre.
Plantés en quinconce irrégulier, de vieux arbres
à fruits, jadis taillés, aujourd'hui abandonnés à
leur libre croissance, étendent et entrelacent
leurs rameaux anguleux au point de départ, de
manière à empêcher la circulation. Puis, tout
à coup, ils se redressent et s'épanouissent en
bouquets vigoureux qui bientôt formeront une
voûte de fleurs.

Je m'assis sur un de ces troncs noueux ; une pluie fine mouillait mes cheveux, qui se mirent à pendre en saules pleureurs, comme s'ils voulaient se mêler au travail printanier de la végétation. Le chant d'un coq rompait seul par moments le silence de la campagne encore engourdie à la surface. A travers le fouillis des branches, je découvrais un des sites les plus mélancoliques et les plus doux de notre vallée, les eaux frissonnantes de la Vauvre avec ses buissons de presle, ses prés coupés d'arbres et ses petits moulins d'où s'échappent de minces filets de fumée bleue. Pas un seul village, pas de clocher, pas de maison bourgeoise, pas de ruines, pas de routes, rien que des sentiers encaissés et bordés d'épine, des troupeaux blancs sur des prés verts, des ponts de bois sur la rivière, des oies devisant gravement sur le sable des rives, des horizons fermés d'arbres, rien pour le peintre, rien pour le chroniqueur ; et, sur tout ce paysage positivement simple et sans intérêt, planait pourtant je ne sais quelle poésie qui se sent et ne peut guère se traduire. Est-ce le sentiment de l'isolement intellectuel ? Peut-être. On peut marcher ici du matin à la nuit sans rencontrer une trace de civilisation. Le pays est pourtant cultivé partout et plus habité qu'il ne le paraît, les nombreuses chaumières cachant leurs toits bas et incolores sous les arbres ou dans les plis du terrain. Mais la pensée d'aucun des êtres qui sont là ne franchit les limites de son petit domaine. Le paysan est tellement identifié à la nature, qu'il n'en dérange pas la tranquille solennité et qu'il ne semble point peupler la solitude. Le sentiment qui s'empare de nous autres *liseurs*, quand nous pénétrons dans ces retraites bocagères, est celui-ci : le repos dans l'oubli. Et, ne t'en déplaise, si c'est une pensée égoïste, elle est diablement douce et salubre.

J'en étais là de ma rêverie lorsque Hydrogène arriva, avec ses mains. Il se fit un siége d'un arbre voisin et me narra l'histoire de ce verger.

— La maison, dit-il, n'a jamais été qu'une maison de paysan riche, et mon grand-père n'était rien de plus qu'un paysan. Mais il avait amassé du bien et fit planter ces arbres et bien d'autres, car le verger s'étendait autrefois jusqu'au lit de la rivière. Il l'entoura d'un large fossé dont vous voyez les vestiges et son enclos passait pour le plus riche du pays. Mais le grand-père eut qua-

torze enfants qui ont partagé les terres, démeublé
la maison et démembré la réserve. Les uns ar-
rachèrent les plants, les autres les laissèrent
grandir incultes. Le tout fut morcelé, coupé par
des buissons, et, de l'ouvrage qui avait coûté
tant de soins, il ne reste que ces vieux arbres qu'on oublie plus qu'on ne les respecte,
mais qui, tout vieux qu'ils sont, dureront encore
plus que nous.

Duteil nous appela pour le dîner. Il n'était
plus question, à mon grand regret, de manger
sur l'herbe. Il pleuvait tout de bon, et le couvert
avait été mis dans une grande chambre à pla-
fond bas, aux solives noircies, avec une seule
petite fenêtre. L'obscurité me rend toujours
triste et la pluie avait traversé facilement mon
petit vêtement de drap léger. Je vis alors une
scène curieuse en me réchauffant sous la haute
cheminée. Hydrogène la remplissait à la hâte de
bûches et de fagots. A peine avait-il le dos tourné
et le feu commençait-il à flamber, que le *joli
papa* de notre ami, M. Blaise, approchait doucement et emportait furtivement les bûches. Le
fils revenait, et, croyant le combustible épuisé,
remplissait de nouveau la cheminée; tout aus-

sitôt le papa recommençait à la vider. Heureusement on l'emmena à l'autre bout de la table et je pus présenter mon dos à une belle flambée qui égaya enfin le local.

— Heureux les avares! pensais-je. Ils n'ont jamais froid ni faim. Ils arrivent à surmonter toutes les exigences de la nature et à se pétrifier au physique comme au moral.

Celui-ci est un type qui serait odieux s'il n'était burlesque. Croirais-tu que je ne l'avais jamais vu? Il s'était mis sur son dimanche pour nous recevoir, c'est-à-dire qu'il avait son habit de noces du Directoire, un drap jaunâtre usé jusqu'à la corde; un grand gilet jaune d'une époque antérieure, je crois, lui tombait jusqu'aux genoux. Sa queue, ficelée d'un ruban immonde, remontée par son grand collet d'habit dans une position horizontale, allait caresser l'oreille de son voisin chaque fois qu'il tournait la tête, et il la tournait souvent, inquiet du zèle que ses servantes, plus hospitalières que lui, mettaient à nous servir. Il ne songea pas à profiter des douceurs culinaires qui ne lui coûtaient rien que le bois et le charbon. Il refusa les mets choisis qu'on lui offrait, disant qu'il n'avait pas coutume de manger le bien des autres et que les autres feraient sagement de penser comme lui.

Le repas fut copieux. Duteil s'était chargé des vins, et réussit à en faire boire à M. Blaise. Il le poussa même si vivement, que l'avare finit par consentir à nous raconter ses campagnes, qui ne sont pas moins curieuses que sa personne.

— On prétend, lui dit mon frère, que vous avez déserté deux fois.

— C'est des mensonges ! répondit M. Blaise, j'ai déserté cinq fois. A dix-huit ans, je suis parti dans la réquisition des trois cent mille hommes. A Angers, j'ai été incorporé dans la légion nantaise, où je me suis vite ennuyé et où j'ai pris mon congé sous la semelle de mes souliers. J'étais royaliste et philosophe. Je ne voulais pas me battre. Les gendarmes m'ont rattrapé à Loches ; ils ont voulu me persuader, à coups de plat de sabre, que j'étais bon républicain et m'ont conduit de brigade en brigade jusqu'à Rennes, où un représentant du peuple nous fit un discours pour nous prouver que le jour de gloire était arrivé. Je ne voulais point de gloire, moi, et je m'en revins chez nous sans rien dire. On m'a fait repartir quatre autres fois. La dernière fut la pire. J'étais couché, quand les gendarmes vinrent pour me prendre, je me cachai sous le lit. Ces gredins-là burent deux pichets de mon vin, tuèrent mes deux coqs et les mangèrent sous mon nez, en me jetant les os, car ils me savaient là et s'amusaient à mes dépens. Quand ils eurent bien déjeuné, ils firent semblant de s'en aller et je crus pouvoir aller dans ma cour m'assurer du dégât qu'ils m'avaient fait. Mais ils s'étaient cachés derrière la grange, et, tombant sur moi, ils m'attachèrent à la queue de leurs chevaux qui avaient mangé du vert. — Je vous laisse à penser ! Enfin, je reçus mon congé et je me croyais sauvé, quand on m'envoya deux médecins pour constater que j'étais trop malade pour servir. Je n'étais point malade du tout, et je me plaignais sans pouvoir dire où j'avais mal. Alors, ils m'ont signé un certificat bien drôle qui disait :

    « Nous avons trouvé M. Blaise

    De la légion nantaise,

    Assis sur sa chaise

    Fort mal à son aise,

» Parlant peu, maladroitement et sans raison, — En foi de quoi, etc., »

3.

— Ne nous raconterez-vous pas, lui dit Duteil, pourquoi, à la Châtre et dans tout le pays, on vous a surnommé *Queue-de-veau* ?

— C'est bien simple, répondit M. Blaise. Une fois libéré du service, je songeai à me marier. Je m'habillai de mon mieux et je me poudrai tout à blanc avec de la belle manivolle [1]. Je m'en allai trouver M. Mauduit à la Châtre.

» — Qu'est-ce que vous voulez, monsieur Blaise ?

» — Pas grand'chose, monsieur Mauduit. Je vous demande votre fille.

» — Ah ! oui-da ! monsieur Blaise ! Pas grand'-chose ? Et laquelle de mes filles demandez-vous ?

» — Celle que vous voudrez, monsieur Mauduit ; ça m'est égal.

» Là-dessus, il me prend par les épaules, m'arrête un petit moment sur le pas de sa porte, et me pousse dehors. Voilà tous les galopins de la ville à me suivre en me criant :

» — Blaise, queue de veau ! »

» Je ne savais à qui ils en avaient. Enfin, rentré chez moi, je m'aperçois que M. Mauduit m'avait pendu au dos une grande queue de veau. Je

1. Fleur de farine.

l'ai vitement fait cuire et j'en ai dîné pendant trois jours ; elle était diablement bonne et le plus bête n'était pas moi.

M. Blaise devenait expansif, mais, au dessert, apparurent certains pruneaux et certains fromages qu'il crut reconnaître comme siens, et, subitement dégrisé, il quitta la table pour aller arrêter le pillage.

Nous ne le revîmes plus. La pluie avait cessé. On alla causer et s'ébattre au gué de la Vauvre ; puis au moulin d'Angibault, qui est une délicieuse oasis de verdure et de belles eaux courantes. Enfin, comme la nuit arrivait, on rentra pour monter à cheval et partir. Ma jument Collette était fort impatiente de rentrer chez elle. J'eus toutes les peines du monde à lui faire attendre que Rose et Caroline fussent hissées en croupe, l'une derrière son mari, l'autre derrière Hydrogène. Dans son empressement à nous aider, Hydrogène s'était laissé choir dans le *fumeriou*, et, comme mon frère l'en avait retiré vite, il voulait se jeter dans ses bras pour l'en remercier.

— Ne va pas m'embrasser au moins ! lui cria mon frère.

— Si fait, répondit Hydrogène en le serrant sur sa poitrine, c'est de bon cœur, va!

Caroline ne voulait plus chevaucher derrière lui dans l'état où il était. Duteil et mon frère l'essuyèrent avec des bouchons de paille et enfin on se mit en route.

Nous étions venus sans nous tromper par le chemin de la mare verte, laquelle mare n'a rien de dangereux pour peu qu'on serre le buisson du bon côté. Hydrogène prétendit qu'à la nuit, il y avait du danger, et qu'il valait mieux gagner Montipouret par un chemin plus long. Comme il ne faisait pas nuit du tout, je pense bien que c'était un prétexte pour se montrer dans le bourg en belle compagnie, et nous le suivîmes pour ne pas le contrarier. Nous n'avions pas fait cent pas qu'un lièvre traversa le chemin devant nous, sans se presser, comme s'il se moquait de notre cavalcade.

— Diable! dit Duteil, mauvaise affaire! Un lièvre qui vous regarde, c'est un sorcier qui vous nargue. — Ma femme, dit-il à Rose, tu devrais faire un beau signe de croix pour conjurer le charme, autrement il nous arrivera ce soir quelque fâcheuse aventure.

Puis il fit un grand cri : sa femme l'avait pincé pour l'empêcher de se moquer de la religion.

Pour se venger, Duteil se mit à prêcher d'une voix tonnante, et il traversa Montipouret en déclamant :

— Mes très-chers frères, écoutez la parole du Seigneur !

Les habitants qui étaient en train de souper accoururent sur leurs portes, et le curé, qui rentrait chez lui, s'arrêta stupéfait, émerveillé peut-être de l'éloquence et des poumons du cavalier.

— Soyez béni, monsieur l'abbé Rochou ! lui beugla le sermonneur. Allez souper, mon fils, vous êtes un bel homme; que la paix du Seigneur soit avec vous !

La nuit était venue, l'abbé Rochou ne reconnut personne et demeura perplexe. Nous prîmes le galop pour arrêter la prédication de notre ami ; mais ce fut en vain. Il prêcha au galop avec encore plus d'onction et d'énergie. En vain Rose lui tira son habit et lui déchira sa cravate pour mettre fin au scandale. La jument effrayée de l'altercation conjugale fit un écart et laissa les deux époux, Rose, assise dans une ornière, Duteil debout et prêchant toujours.

Mon frère mit pied à terre pour relever Rose, qui n'avait aucun mal; mais Duteil avait perdu une de ses bottes, qu'il chercha longtemps dans l'obscurité en nous faisant remarquer qu'il l'avait bien prédit : le lièvre nous avait jeté un sort et nous n'étions pas au bout de nos aventures.

Il ne croyait pas si bien dire. Tout en rattrapant la jument effrayée et réparant les sangles qu'elle avait brisées, nous avions perdu le sens de la direction à suivre, et, quand nous nous remîmes en route, nous tournions le dos à notre but sans nous en douter.

Il est facile de se perdre dans cet entre-croisement de chemins creux de notre bocage, et nous marchâmes au petit trot pendant une demi-heure, croyant arriver à la grande route et n'arrivant point.

Enfin l'air plus vif nous fit connaître que nous n'étions plus dans la vallée, mais sur un plateau. Lequel? Une nuit grise, opaque, uniforme, enveloppait tous les objets. Le chemin était plus large que de raison. Étions-nous sur un chemin ou sur une lande?

— Nous sommes bel et bien perdus, dit Duteil. Cela devait arriver. Le lièvre avait son idée.

— Allons donc ! répondit mon frère, se perdre aux environs de Montipouret, à une lieue de chez nous ! est-ce que c'est possible ? Marchons toujours, nous allons nous reconnaître.

Nous marchâmes deux grandes heures sans nous faire aucune idée du pays que nous parcourions.

Il est vrai que nous ne songions plus à nous orienter. Nous causions, et Duteil nous captivait par son esprit original et brillant. Il s'était mis à soutenir une drôle de thèse :

— Nous sommes ensorcelés, cela est évident, nous disait-il ; mais qu'est-ce que cela prouve ? c'est que l'homme n'est jamais sûr de lui-même, et que, par conséquent, c'est lui qui crée les choses qui lui apparaissent. Ainsi, en ce moment nous croyons être à cheval, devisant de bonne amitié à travers champs ; nous nous prenons pour des personnes raisonnables ; qui sait si nous ne rêvons pas ? Nous sommes peut-être, à cette heure, bien endormis dans nos lits, et nous nous promenons en songe dans un lieu vague que nous ne connaissons pas. C'est assez fréquent dans les rêves. On a des perceptions confuses d'une nuit terne comme celle-ci et d'un monde voilé où l'on erre à l'aventure sans but déterminé. Je m'imagine que c'est vous autres qui êtes là, que j'ai ma femme en croupe, que je vous parle et que vous me répondez. La conviction, la certitude font partie essentielle du rêve; je pourrais vous jurer que je ne me trompe pas, que je vous entends, que je vous parle et que vous m'entendez. Je n'en serais pas moins la dupe d'un songe, et vous auriez beau me jurer que nous sommes bien ici et non ailleurs, cela ne prouverait absolument rien, sinon que l'imagination est tout, et que l'on n'est, en réalité, que là où l'on croit être.

Cette fantaisie me plaisait et je ne songeais pas à la contredire. Hydrogène la trouva folle et voulut la réfuter.

— Toi, lui dit Duteil, tu affirmes d'autant plus que tu es plus abusé par la vision de ton rêve. Pourrais-tu me jurer qu'en ce moment tu as ta raison ?

— Je m'en flatte! répondit Hydrogène; je n'ai pas bu comme vous une rivière de bordeaux et un fleuve de champagne.

— Tu me reproches ma nourriture, ô fils de ton père !

— Dieu m'en garde ! je dis seulement qu'en ce moment je suis lucide et que vous ne l'êtes pas.

— Eh bien, voilà ce qui te trompe : en ce moment, tu crois écouter les divagations de ton parent Duteil; ce n'est qu'un souvenir passé à l'état de rêve. Tu es couché sur une botte de paille dans un hôpital de fous. La personne que tu prends pour moi est le médecin qui te soigne, et l'air de la nuit que tu crois respirer à pleins poumons en pleine campagne ne t'arrive qu'à travers les barreaux d'une lucarne grillée. Malheureux jeune homme! la bonne dame nature a eu pitié de toi. Elle a jeté sur la lanterne magique de ton cerveau les images de la patrie absente. Tu y vois les champs paternels, les amis de ton enfance, tu es heureux, tu divagues! tu vois ce qui n'est pas ou ce qui n'est plus, et tu es persuadé que ce sont des choses réelles. Mais il ne suffit pas de dire que ce ne sont pas des fantômes, il faut le prouver. Prouve-le-moi, voyons, essaie !

La discussion continua ainsi, je ne l'écoutais

plus. Je m'étais levée matin et le pas régulier
de mon cheval me berçait agréablement. La
thèse de Duteil se confondit dans mon cerveau
avec une ébauche de rêve sur le même sujet.

— Pourquoi ne serais-je pas, me disais-je, sur
une barque au milieu d'un lac argenté, ou dans
un traîneau sur la neige des steppes?

Mon cerveau me promena ainsi à travers de
douces visions, jusqu'à ce que le fer de ma Colette, frappant sur un caillou, en fît jaillir un
éclair qui me réveilla.

D'autres éclairs dus à la même cause se pro-
duisirent sous les pieds des autres chevaux.

— Ah çà! dit mon frère, nous ne nous rappro-
chons pas du tout de chez nous. Nos chevaux
battent le briquet sur des silex et nous devrions
être depuis longtemps sur le calcaire.

— Mais on ferre toute la route de Château-
roux avec des cailloux de rivière, répondit Duteil; nous sommes sur la route postale.

— Allons donc! nous sommes sur les coteaux
de la Chassaigne!

— Non pas, reprit Hydrogène, nous descen-
dons depuis une demi-heure. Je crois que nous
retournons à Montipouret.

Mon frère mit pied à terre et dit :

— Aïe ! nous sommes dans les *échaussis* [1] jusqu'aux genoux.

— Alors, reprit Duteil, nous traversons la chaume de Chavy ?

— Vous êtes fous, leur dis-je ; ce que vous prenez pour des chardons, ce sont des créneaux. Nous sommes sur le haut des ruines de Saint-Chartier.

— Pourquoi non ? dit Duteil, tout est illusion dans la vie, et l'imagination peut nous promener aussi commodément là qu'ailleurs.

Encore un quart d'heure de marche et de causerie, lorsque je pris les devants, me fiant à l'instinct de ma Colette plus qu'aux notions de mes amis. La bonne créature s'arrêta, et, par un mouvement que je connaissais bien, me demanda la permission de boire.

— Qu'y a-t-il ? cria Duteil.

— Il y a, lui dis-je, que nous sommes dans la rivière. Reste à savoir si c'est l'Indre, la Vauvre ou la Couarde.

— Ça, une rivière ? reprit Duteil, dont la bête

____

1. Chardon-Roland, panicaut.

clapotait lourdement dans l'eau ; encore une hallucination ! Vous êtes sur les galets de la mer Caspienne.

— Y a-t-il des galets dans la mer Caspienne ?

— Pourquoi pas ? il y en a bien dans l'Indre ! Allons, toujours.

J'avançai, mais Colette refusa d'aller plus avant. Le vent agitait la cime des aulnes, et, devant nous, une ligne blanchâtre annonçait, par un bruit frais et charmant, que nous marchions droit sur une écluse. Caroline riait, mais Rose commençait à avoir peur, à gronder Hydrogène et à craindre qu'il ne nous menât noyer.

— Restez là, nous dit mon frère. Je vais explorer l'autre rive. Il s'enfonça dans des prairies humides et revint sans avoir trouvé d'issue.

— Voulez-vous m'en croire ? leur dis-je. Mettons la bride sur le cou de nos chevaux et nous serons vite chez nous. Il y a longtemps que Colette m'avertit que nous tournons le dos à son gîte.

Colette étant reconnue comme la plus intelligente de nous tous, on me laissa prendre la tête. Elle s'enfonça dans un dédale de petits chemins couverts où je la laissai absolument libre de choisir, et, un quart d'heure après, galopant en liberté sur la route, nous entendions la voix de nos chiens saluant notre retour au bercail.

Ce qu'il y a de curieux, c'est qu'après nous être consultés autour d'un bon feu et avoir examiné la carte de Cassini, il n'a été possible à aucun de nous de savoir par où nous avons passé et quel est le gué de rivière où Duteil a cru reconnaître les rives de la mer Caspienne. Hydrogène continue à affirmer que ces messieurs étaient parfaitement gris, ce qui n'explique nullement comment, ne l'étant pas, à ce qu'il assure, il n'a pas su se reconnaître mieux que les autres. Je proteste aussi, mais on me répond que je suis distraite et ne compte pas. Rose et Caroline ne connaissent pas mieux l'une que l'autre les replis et détours de la vallée Noire.

— Vous êtes bien bons de chercher, répond Duteil. Voilà qui prouve bien que tout est apparence dans ce que nous prenons pour la réalité. Nous ne nous sommes probablement pas égarés du tout. Nos chevaux ont suivi raisonnablement le bon chemin, pendant que nous errions en songe dans des ténèbres fantastiques.

— Mais alors, lui dis-je, comment avons-nous mis quatre heures pour faire une lieue ?

— Nous dormions, et nos chevaux ont dormi aussi.

— Nous dormions ! et tu n'as pas cessé de parler !

— Vous avez rêvé que je parlais. Je me souviens à présent de n'avoir pas dit un mot.

— Ah ! par exemple ! s'écria Hydrogène, et prêché, et chanté la messe !

— Moi, j'ai chanté ? Prouve-le !

— Je le prouverai par témoins.

— Que les témoins prouvent ! Voyez, prouvez, prouvez tous.

— Notre unanimité, la concordance des témoignages...

— Phénomène bien connu d'hallucination contagieuse. Devant les témoignages d'une bande de fous, un juge sage ne se trouve pas éclairé.

— Alors, lui dis-je, prouve que nous sommes fous !

— Ceci, mes enfants, répondit-il, me serait trop facile. Je vous renvoie au tribunal de votre conscience.

LA BLONDE PHŒBÉ

Ceci est un souvenir qui me traverse l'esprit. Un personnage dont je n'ai jamais parlé et qui n'a guère fait que m'apparaître, me revient à la mémoire. C'était un type ; fille noble de la province, mariée à un assez riche gentilhomme de campagne, elle était venue dans la petite ville pour ne pas se séparer de son fils unique qui entrait au collége.

Cette personne ne me fournira pas de récit intéressant, ce ne sera qu'un portrait ; un portrait est une étude comme une autre, puisque tout est dans tout.

Elle avait, quand je la connus, environ vingt-huit ans. Elle n'était ni jolie ni belle, et pourtant elle était fort séduisante. C'était une blonde très-blanche et très-grande. Trop grande des jambes, car elle avait la tête, le buste et les bras d'une femme délicate et de moyenne taille ; les jambes n'en finissaient pas. Quand on la voyait assise, on ne se doutait de rien. Elle se levait et l'on était presque épouvanté. Mais on s'y faisait, car cette géante était d'une souplesse et d'une gaucherie charmantes ; elle avait des pieds d'enfant toujours chaussés avec recherche. Ses mains étaient petites aussi et chargées de bagues. Elle avait d'admirables cheveux d'un blond roux, le teint assez coloré, les épaules un peu carrées, la poitrine un peu plate, le dos un peu rond par l'habitude de se casser en deux à l'endroit de la ceinture, comme si ce buste fragile eût trop pesé à la base presque masculine du corps.

Ses traits n'étaient pas irréguliers, le nez était assez grand, la bouche encore plus, le front et la mâchoire étaient assez proéminents. l'oreille était petite et délicate, l'œil clair et caressant, On eût dit que la nature s'était ravisée au moment de faire un homme et que, pour effacer vite son premier jet, elle lui avait donné certains charmes étonnés de se trouver mariés aux hardiesses du premier plan.

C'est à la promenade que je fis connaissance

avec elle. A cette époque, je courais beaucoup à cheval avec mon frère. Nous avions des bêtes assez ardentes, et nous nous trouvâmes dans un petit chemin encaissé, avec cette personne qui marchait devant nous.

J'ai oublié de vous dire son nom de baptême, le seul que je veuille vous dire. Mais ce nom lui allait très-bien, il était étrange comme elle : elle s'appelait *Phœbé*.

Comme elle faisait toutes choses à sa manière, elle ne montait pas à l'anglaise. Elle était assise tout à fait de côté sur une belle selle de velours noir à clous dorés, faite comme les selles à âne où l'on assied les enfants, avec un très-grand rebord en arrière, un véritable dossier.

Elle n'avait aucun costume d'amazone ; une petite coiffure de velours et de rubans qui n'était à la mode d'aucun temps et qui paraissait être une chose commode de son invention, laissait paraître ses beaux cheveux tombant en longues boucles sur un châle rouge croisé sur la poitrine et noué derrière le dos. Elle me parut très-singulière, mais assez agréable à voir ; mon frère me la nomma, il l'avait rencontrée déjà à la ville et connaissait, je crois, un peu sa famille.

Comme on parlait déjà beaucoup d'elle dans le pays, j'étais assez curieuse de la voir de près, mais elle avait quelque avance sur nous, et, quand sa monture sentit approcher les nôtres, elle prit le galop pour n'être pas dépassée.

C'était une toute petite bête assez gentille, malgré la vulgarité de sa race marchoise.

— Voilà, me dit mon frère, une petite pouliche de landes qui ne manque pas d'ardeur, Mais que cette dame est donc mal installée là-dessus ! Si la bête faisait le moindre écart à gauche...

Comme il disait cela, la jument fit un notable écart à gauche, et la dame se trouva debout sur ses pieds, sans avoir fait de mouvement apparent pour s'y mettre. La petitesse de l'animal et les longues jambes de l'écuyère expliquaient la facilité de leur séparation.

Elle se trouvait donc plantée devant nous comme un peuplier, dont elle avait la sveltesse penchée, et, quand elle entendit mon frère s'écrier :

— Ah ! j'en étais sûre, qu'elle tomberait !

— Je ne tombe jamais, répondit-elle, avec un calme enjoué. Quand mon cheval me fait des folies, je le quitte, voilà tout.

Il l'avait si bien quittée, que mon frère dut faire un temps de galop pour le rattraper. Il le ramena et descendit pour serrer les sangles, qui étaient tout à fait lâches.

— Quand on monte de cette manière, disait-il, manière qui n'offre jamais de véritable solidité, il faut au moins veiller à ce que la bête soit fortement sanglée. Vous êtes adroite pour sauter en avant ; mais, si la selle tournait en arrière, vous pourriez vous tuer ou être traî-née par vos jupes, et permettez-moi de vous dire que vous ne devriez pas sortir seule, dans ces conditions-là, avec une jeune bête qui ne me paraît pas bien raisonnable.

— Il paraît, répondit malicieusement la blonde Phœbé, que nous ne sommes pas plus raisonna-bles l'une que l'autre, selon vous. Mais, moi, je sais que je ne peux pas tomber en arrière, parce que j'ai l'habitude de me plier en avant, et que je ne peux pas être traînée par mes jupes, vu que je ne me sers pas d'étrier.

— Je vois bien, répliqua mon frère, je vois que vous ne tenez à rien, et, si vous étiez ma sœur, je ne vous laisserais pas faire une pareille équitation.

— Vous croyez que je ne suis pas solide? vous vous trompez. Voulez-vous que nous lancions nos chevaux tous les trois ?

Elle était remontée sans le secours de personne, sur la pouliche, qu'elle stimula d'un grand coup de houssine et qui partit ventre à terre. Nous la suivîmes, étonnés de son adresse et de sa tranquillité.

Comme nous devions rentrer par le même chemin, nous la reconduisîmes jusqu'à sa porte, et elle nous engagea à revenir la voir.

Elle vint aussi chez nous, et, pendant quelques mois, nous nous vîmes souvent. Elle était bien élevée, et, quoiqu'elle n'eût jamais quitté sa province dont elle avait l'accent prononcé, elle avait de bonnes manières. Je l'avais prise d'abord pour un casse-cou pire que moi, puisque le plaisir de courir la campagne lui faisait accepter et aimer des dangers dont j'avais su me préserver ; mais elle n'était pas réellement active, et, après deux ou trois cavalcades où elle continua à tomber sur ses pieds au moindre imprévu, elle nous montra qu'elle était, avant tout, nonchalante. Je ne sais quelle éducation elle avait reçue; elle n'aimait aucun art, elle ne s'intéressait à rien

en politique, elle n'avait pas de ménage, son
mari étant resté dans ses terres et ne venant la
voir que le samedi, jour de marché. Elle n'avait
donc pas de milieu et paraissait fort désœuvrée.
Elle aimait à causer, pourvu qu'elle n'eût qu'à
faire des questions, et, comme elle manquait
d'instruction, ses curiosités ne portaient que sur
des choses inutiles et frivoles. Elle m'ennuya vite
et je la quittai souvent, sous prétexte de vaquer
à mon ménage, pour aller lire dans ma chambre.
Elle n'était pas gênante et on pouvait l'oublier
sur un fauteuil du salon sans qu'elle y trouvât
à redire. Il n'était pas agréable d'aller chez elle :
elle voulait recevoir sans être installée. Je ne
pouvais pas souffrir sa cuisine marchoise fortement épicée. Après dîner, on dansait dans une
chambre où il y avait des lits, entre autres celui
de son petit garçon, qui arrivait du collége, dî-
nait et s'endormait à huit heures, au son des
violons, après s'être déshabillé tranquillement
en plein bal. Le mari assistait quelquefois à ces
réunions, où il paraissait ne connaître personne
et ne disait pas un mot. J'ignore s'ils vivaient
en bonne intelligence. Ils se disaient *vous* et se
parlaient froidement. Dans tous les cas, ce qui

arriva par la suite parut être fort indifférent à ce mari philosophe.

J'avais découvert chez madame Phœbé une tendance qui était en réalité l'unique amusement de sa vie. Elle était profondément coquette sans en avoir l'air; sa gracieuse nonchalance cachait une préméditation incessante; elle voulait plaire et passionner.

Mon gros bonhomme de frère y fut pris et me cacha son jeu. Je découvris le secret de la manière la plus baroque.

Un vieux galant, qui venait quelquefois chez nous et qui était d'une laideur bien conditionnée, avec une fatuité à l'avenant, me trouva un jour en train de dessiner. Je me servais d'estompes et de fusain écrasé.

— *Vous broyez du noir ?* s'écria-t-il avec emphase, en me voyant essuyer mes mains.

— Mais pas du tout, lui répondis-je, je n'ai aucun sujet de tristesse.

— Eh bien, moi, reprit-il, je suis un homme désespéré, un cœur brisé. Vous savez bien ce que je veux dire.

— Je ne m'en doute seulement pas.

— Allons donc! vous savez bien qui madame Phœbé me préfère, et pour qui elle me chasse.

— Je vous jure que je ne sais rien de tout cela et n'y comprends goutte.

— Eh bien, elle m'aimait! j'étais heureux! votre frère a exigé qu'elle me mît à la porte.

— Mon frère? Il n'a aucun droit sur elle.

— Il est aimé!

— Ah! c'est possible. En ce cas, il faut vous résigner à ne pas l'être, si tant est...

— Je vous jure...

— On jure souvent, on ne prouve pas toujours.

— Vous voulez que je prouve?

— Non, tout cela m'ennuie et ne me regarde pas. Permettez-moi de garder mon opinion.

— Qui est que je mens?

— Qui est que vous vous êtes trompé.

— Lisez ces lettres.

— Non, je ne veux pas.

— Je vous les laisse, vous les lirez.

— Je n'en ferai rien.

— Vous devez à la justice et à la vérité de les lire. Si vous vous assurez de mes droits, vous prononcerez.

— Prononcer quoi? Vous me dites des choses insensées! Comment puis-je m'établir juge en pareille affaire?

— Si cette femme ne me doit aucun égard, tout ce que je vous ai dit sera non avenu. Je laisserai la place à votre frère et me tiendrai tranquille.

— Et si vous avez des droits, comme vous dites?...

— Vous tâcherez d'empêcher votre frère de tomber dans le piége où j'ai été pris; et, si vous n'y réussissez pas, vous chasserez de votre intimité et de votre maison une personne indigne de votre accueil.

—C'est-à-dire que je servirai votre vengeance? Eh bien, non, remportez vos lettres, je ne veux rien savoir, — à moins que vous ne m'autorisiez à les rendre à celle qui les a écrites?

— Et vous la chasserez?

— Non, je la prierai très-poliment de ne plus revenir; car, s'il est vrai qu'elle ait des intrigues bizarres, j'aime mieux n'en pas être le témoin

— Lisez donc!

Et il étala sur la table cinq ou six lettres d'une fine écriture avec orthographe douteuse, — bien tournées d'ailleurs, d'une amabilité assez chatte, mais d'une parfaite innocence.

Je les rendis en riant au vieux amoureux, et lui déclarai qu'il pouvait les montrer à tout le monde sans compromettre en aucune façon madame Phœbé. Il fut en colère contre moi : vraiment, l'amour rend bête. Il ne concevait pas que mon interprétation ne fût pas d'accord avec la sienne.

— Voyons, lui dis-je pour en finir, si vous avez été heureux, vous ne le prouverez à personne, et, comme vous aurez de la peine à le faire croire, je vous engage à vous conduire en galant homme, c'est-à-dire à vous taire, car les rieurs seraient contre vous. Je ne crois pas que mon frère soit plus favorisé que vous, mais je sais que, s'il en est ainsi, il se conduira mieux.

Quand je revis mon frère, je lui demandai l'explication de l'algarade de M. ***.

— Il n'y a rien du tout, me répondit-il. Il était fort assidu auprès de la blonde Phœbé. Je l'ai trouvé ridicule. Je m'en suis moqué. Elle a eu un peu honte, je crois, d'avoir fait la coquette avec ce barbon. Elle l'a reçu plus froidement. Il s'est fâché, elle l'a mis à la porte. S'il veut que nous

nous allongions quelque bon coup de sabre, je suis encore assez hussard pour le lui servir.

—Allons donc, un homme de cet âge-là ! J'espère que, s'il était assez fou pour te chercher noise, tu ne le prendrais pas au sérieux. Mais la blonde Phœbé, ne la prends-tu pas au sérieux plus qu'il ne faudrait ?

— Ma foi, je ne te cache pas qu'elle m'occupe beaucoup; mais je ne suis pas un imbécile et je me tiens sur mes gardes. Tu l'avais bien jugée, elle est d'une insatiable coquetterie.

— Je ne l'ai pas jugée en dernier appel. C'est peut-être tout simplement une femme sans intérieur, qui s'ennuie et n'a pas l'énergie de se distraire par une passion intellectuelle.

— Eh bien, c'est justement cela, elle joue à la galanterie platonique. Dans une petite ville, ce jeu-là est impossible. Une femme a beau se garder, on la calomnie et sa vertu ne sert de rien à sa réputation.

Quelques semaines plus tard, je vis mon frère très-agité. Un nouveau soupirant s'était introduit dans l'intimité de la dame.

— Tu ne vas pas, j'espère, dis-je à mon hussard, me donner le spectacle des fureurs du vieux *** ?

— Si fait, répondit-il ; mais je ne le donnerai qu'à toi seule, et je ne menacerai personne de ma vengeance. Seulement je puis bien t'avouer que j'étais amoureux comme une bête de cette géante qui n'est ni belle ni spirituelle, mais qui a un charme et des yeux ! Je t'assure que, si elle est vulgaire à beaucoup d'égards, c'est faute de développement. Il y a en elle l'étoffe d'une princesse de roman. Écoute une anecdote.

» L'autre jour, j'étais avec elle dans son jardin. Elle était assise, avec une de ses grandes jambes repliée contre le pied de sa chaise ; elle avait des fleurs sur ses genoux. Tout à coup elle se baisse, regarde, et, avec un sang-froid admirable, me dit :

» — Regardez ma jambe et ne bougez pas !

» Je regarde, et vois une vipère entortillée à sa jambe et au pied du fauteuil. J'allais m'élancer, elle m'arrête en disant:

» — Vous voulez donc qu'elle me morde ? Un peu de calme, elle n'est pas en colère ! elle s'enroule pour descendre. Je le sens, elle me quitte. »

En effet, la vipère avait posé la tête sur le sable en retirant à elle ses anneaux; je l'écrasai lestement avec le talon de ma botte, et je regardai ce petit pied et ce bas de soie toujours si bien tendu ; elle n'était ni émue ni pâle, elle souriait en me voyant contempler son pied. Elle ne pensait déjà plus à la vipère, elle pensait à l'effet que son bas et son soulier produisaient sur moi.

Il la revit encore pendant quelques jours et puis il ne la revit plus jamais.

— Je ne veux pas être ridicule, me dit-il, et je ne veux pas non plus être méchant. C'est une aimable femme après tout, et je la crois très-bonne. Elle est pleine de gâteries charmantes pour ceux qui l'approchent. Tant pis pour eux s'ils prennent ses dragées pour argent comptant. Je suis puni par où j'ai péché. Je suis cause qu'elle a mis le vieux *** à la porte, j'ai eu tort, je n'étais pas jaloux ; maintenant le nouveau sigisbée est jaloux de moi. Je le vois à l'embarras de la dame, et je ne veux pas le faire évincer ; car, alors, je serais pris pour tout de bon. Il me faudrait être toujours là et faire le métier de mari pour chasser les oiseaux de passage. Non, c'est trop sérieux pour moi qui suis un homme marié et ne veux pas de scandale.

Le troisième sigisbée sut se faire garder. Il n'avait rien à faire. On en glosa beaucoup, et

avec méchanceté. Il était un pauvre diable. La
dame était assez riche et s'était installée à la ville
dans les conditions d'une certaine élégance et
d'un certain goût. Elle ne sortait plus de son
jardin et ne voyait plus personne. Elle mourut
oubliée, et son cavalier servant retomba dans la
misère sans avoir profité en rien de la situation.

Novembre 1875.

MON GRAND-ONCLE

J'ai parlé, dans l'*Histoire de ma vie*, de ce grand-oncle qu'on appelait encore, dans mon enfance, l'abbé de Beaumont, bien qu'il se fût volontairement sécularisé, et qui, depuis la Révolution, signait Godefroid de Beaumont-Bouillon, bien qu'il n'eût jamais été légitimé. C'était une figure intéressante, une de ces aventureuses destinées qui, en subissant le contre-coup des révolutions, marquent d'une façon invraisemblable et romanesque les époques de transition entre une société qui finit et une société qui se reconstitue sous l'empire de l'imprévu.

A l'époque où j'écrivis l'*Histoire de ma vie*,

je n'avais pas de détails précis sur la jeunesse de mon grand-oncle. Je n'en savais que ce que m'avaient raconté mes parents, sans pouvoir contrôler l'exactitude de leurs souvenirs. Je reçois aujourd'hui, d'une personne amie qui fut recueillie et élevée par lui, une sorte de notice sur lui et ma famille. Ce petit travail est si agréablement rédigé et si curieux, que je n'aurais qu'à le publier tel quel, s'il ne contenait certaines erreurs dont la recherche et la rectification n'auraient point d'intérêt. Ce qui est vrai et touchant dans cette notice dont on veut bien me faire présent, c'est la partie qui concerne mon grand-oncle et qui rectifie d'autres erreurs, commises par moi sur son compte. Cette partie, écrite sous sa dictée ou au sortir d'entretiens intimes, mérite d'être lue, et j'en vais donner le résumé aussi rapide que possible.

Charles-Godefroid-Marie de Beaumont naquit le 31 octobre 1750, du duc de Bouillon, prince de Turenne, et de mademoiselle Verrières, déjà mère d'Aurore de Saxe, qui fut ma grand'mère. Le nom de Beaumont était celui d'une terre, Beaumont-le-Royer, que le duc possédait en Normandie. C'était l'usage des grands seigneurs d'alors de nommer ainsi leurs bâtards, sans pourtant leur assurer la possession des fiefs dont ils prenaient le titre. Ainsi, dès l'enfance, Charles-Godefroid fut le chevalier de Beaumont, sans aucun revenu ni droit de propriété.

La duchesse de Bouillon, princesse de Lorraine, n'avait eu que deux fils. L'aîné, ayant fait une chute à la chasse, était demeuré bossu ; il mourut à vingt et un ans. Le second, très-beau de visage, était encore plus disgracié. Il était *cul-de-jatte*. Aussi, quand la duchesse voyait le jeune chevalier, si grand, si beau, si bien tourné, elle pleurait de regret. Elle eût voulu être sa mère. Elle le prit en vive affection lorsqu'elle vit l'intelligence et la bonté se développer en lui en même temps que la beauté physique. Le chevalier adorait le jeune prince et l'entourait des plus tendres soins. Celui-ci ne chérissait au monde que le bâtard, ne se tenait tranquille et ne se sentait heureux que quand il était là. La duchesse obtint que Charles habitât l'hôtel de Bouillon. En proie à une maladie longue et cruelle, elle reçut de lui des soins assidus. Il la quittait à peine et lui faisait la lecture. A la veille de mourir, elle fit venir le jeune prince dans sa chambre. On le portait, il ne marchait pas.

— Mon fils, lui dit-elle en lui montrant le chevalier, si je me résigne à la volonté de Dieu, qui est que je vous quitte, c'est que je laisse un ange gardien auprès de vous. Jurez-moi de l'aimer toujours. — Et vous, chevalier, promettez-moi de vous consacrer à votre frère, et *de donner, s'il le faut, votre vie pour conserver la sienne.*

Le chevalier jura avec effusion. La duchesse les bénit tous deux, « et mourut saintement ».

Jusque-là, M. le duc, qui avait quatorze cent mille livres de rente, revenu énorme à cette époque, ne s'était occupé ni de ses enfants, ni de son intérieur. Un jour, il appela Charles et lui dit :

—Chevalier, je t'ai fait donner de l'éducation; en as-tu profité ? Saurais-tu répondre à cette lettre ?

Charles fit un brouillon et le porta en tremblant à son père, qui était rude et violent.

— Comment me faites-vous parler, *m'sieur?* s'écria-t-il en lui jetant le papier au nez. Refaites ceci au plus vite, et qu'il n'y ait pas un seul mot de ce que vous y avez mis.

Le chevalier, éperdu, se remet à l'œuvre et apporte son second brouillon.

— Encore pis que l'autre! s'écrie le duc. Refaites cela et que je n'y trouve pas un mot des deux premiers essais.

Le chevalier recommence et revient.

— C'est bien, dit le duc. Je vois qu'on ne m'a pas volé mon argent.

Et il l'embrasse.

— Ta première lettre était bien, la seconde était mieux, la troisième est parfaite. J'ai voulu t'éprouver. A présent, je te nomme mon secrétaire intime.

Dès lors, le chevalier, chargé de connaître et de surveiller une maison au pillage, fut un objet de crainte et de haine pour deux gredins qui jurèrent sa perte. C'étaient Le Bas et Cerson, le maître d'hôtel et l'intendant.

Ici se place une anecdote qui ne manque pas de couleur.

Le duc possédait auprès d'Évreux le château de Navarre, au milieu d'une forêt de vingt-cinq lieues de parcours. Le cardinal de Bouillon, oncle du duc, annonce à celui-ci qu'il désire chasser chez lui le jeudi suivant. Mais, ce jour-là, le duc est de service chez le roi. Il appelle le bâtard.

— Chevalier, il faut me remplacer à Navarre. Fais les invitations, organise tout et que tout aille bien. Il s'agit de traiter le cardinal, fais attention à mes gens. Ils ont le parler un peu leste. Veille à ce que mon oncle n'entende pas une parole déplacée, pas un juron surtout !

Le chevalier part pour Évreux, organise tout à merveille et voit bientôt arriver le cardinal dans son carrosse, escorté de toute une élégante gentilhommerie à cheval. Dès le lendemain, on se met en chasse ; mais, malgré les excellents préparatifs du chevalier, tout va de travers. Hommes et chiens sont comme paralysés par la consigne. Il s'évertue en vain. Le cardinal ne reconnaît ni la vaillante meute, ni les piqueurs émérites de son neveu.

— Mon enfant, dit-il au chevalier, tant que vous vous contenterez de dire : « Tayaut !... tayaut !... » nous ne ferons rien qui vaille. Je vais vous apprendre comment on parle aux chiens.

Et là-dessus, le cardinal apostrophe bêtes et gens en termes si énergiques, que les piqueurs

enthousiasmés se réveillent et que les chiens
bien stimulés retrouvent l'ardeur et le flair.
Monseigneur donna lui-même le coup de grâce
au sanglier, et, à quelques jours de là, il racontait l'aventure au petit coucher du roi, en faisant force éloges du jeune chevalier en présence
de son père. Le duc parut témoigner alors une
sorte d'affection à son fils.

Une seconde partie de chasse à Navarre eut
lieu peu après et le chevalier fut encore chargé
de remplacer son père. Auprès d'Évreux, on
rencontre une noce de bons paysans et la brillante jeunesse du cortége de monseigneur la suit
pour se livrer à la danse.

Le paysan qui mariait sa fille était un riche
fermier du duc. Le chevalier fut accueilli avec
joie et chargé de donner le bras à la jeune sœur
de la mariée. L'histoire ne dit pas si le cardinal
prit part à la fête; mais il est dit qu'elle dura
plusieurs jours, et mon grand-oncle a raconté
les faits qui le concernent, en plaçant à cette
date le second grand chagrin de sa vie. Le
premier avait été la mort de la duchesse.

Il avait alors dix-neuf ans, il n'avait aucun
traitement fixe chez son père, aucun état défini,

aucun rêve d'ambition. Il adorait la campagne, il faisait déjà des vers dans le goût champêtre de son temps. La seconde fille du fermier était jolie. Il en devint amoureux et demanda sa main.

Le père répondit que c'était grand honneur pour lui, si M. le duc y consentait.

Le chevalier consulta d'abord sa mère. Mademoiselle Verrières, qu'on appelait alors madame Rinteau, accueillit avec joie l'idée d'aller vivre à la campagne avec lui. Mais il fallait le consentement paternel. M. le duc écouta l'idylle du chevalier en souriant et lui défendit de songer jamais à cette billevesée. Peu après, il le nomma colonel du régiment de dragons qui lui appartenait. La mère fut joyeuse et fière, le jeune homme se crut en possession d'une carrière brillante. Mais Cerson et Le Bas veillaient, avides de le trouver en faute. L'occasion ne tarda pas à se présenter. Une dame de haut parage, maîtresse du prince, ayant rencontré dans le monde le jeune et beau colonel, l'invita à venir chez elle.

Il ignorait, paraît-il, l'intimité de son père avec cette personne. Il lui rend visite. Cerson, qui l'épiait sans cesse, avertit le duc. A peine le colonel est-il assis que le carrosse paternel arrive grand train. La dame, effrayée, pousse le jeune homme dans son cabinet de toilette et le cache sous un monceau de robes et de chiffons. Le duc entre en fureur l'épée au poing, ouvre toutes les portes, pénètre dans le cabinet, perce à plusieurs reprises le tas de chiffons. Le colonel effleuré ne bouge pas. Le duc croit qu'on l'a trompé, demande pardon à sa maîtresse et se retire. Cerson était aux aguets. Il voit, quelques moments après, sortir le colonel, et de nouveau avertit son maître, qui court chez le roi et obtient pour monsieur son fils une lettre de cachet.

Rentré chez lui, il mande le colonel et lui dit :

— Je me suis trompé, *m'sieur*, en vous faisant militaire. Ça ne vous convient pas. Demain, vous entrez au séminaire.

— Prêtre, moi ? jamais !

— Vous! je le veux.

— Ce sera un sacrilége, je n'ai pas la vocation.

— Vous l'aurez, sinon la Bastille à tout jamais. Savez-vous lire?

Il lui montre la lettre royale.

— Mon prince, reprend le colonel, mon corps

est à vous, mais mon âme est à Dieu, et il me défend de vous obéir.

Il salue et sort ; en passant devant la chambre de ce pauvre frère infirme qu'il a juré de ne point abandonner et qu'il chérit toujours, il hésite, il lui crie un adieu déchirant et sort de l'hôtel précipitamment. Où va-t-il ? où trouvera-t-il un refuge contre cette odieuse autorité paternelle qu'aucun lien social ne consacre ? Il n'en sait rien, il marche au hasard, la tête perdue. Il n'ose aller chez sa mère, il craint sa terreur et son désespoir. Il se trouve, sans savoir comment, dans le jardin des Tuileries, et se jette sur un banc, où, dans un mouvement d'angoisse fébrile, il frappe la terre du bout de sa canne. Un bruit métallique se fait entendre, il voit luire quelque chose ; il se baisse et ramasse une pièce de douze sous. Il gratte un peu et en trouve une seconde.

— Allons ! se dit-il, le Ciel vient à mon aide. J'ai quitté l'hôtel sans songer à prendre le moindre argent, et je ne puis en aller chercher ; mais je ne mourrai pas encore de faim aujourd'hui !

Il allait s'éloigner avec ses vingt-quatre sous,

quand une idée superstitieuse le retient : c'est la
Providence qui lui a fait faire cette trouvaille,
il faut aider la Providence. Il se rassied, fouille
encore avec sa canne, et trouve deux louis de
vingt-quatre francs. Il s'éloigne alors, va déjeuner au Palais-Royal avec ses vingt-quatre sous,
et, tout aussitôt, il court jeter ses quarante-huit
francs sur le tapis vert d'une maison de jeu. Il
gagne soixante mille livres à la roulette !

Quelle fortune pour un garçon de vingt ans
qui n'a encore rien possédé au monde et qui
n'a vécu sur un certain pied qu'à la condition
d'une soumission absolue, voisine de la domes-
ticité ! Avec soixante mille francs, on pouvait à
cette époque-là, vivre modeste et libre, en rom-
pant avec le funeste milieu où notre colonel
avait été élevé. Mais où eût-il pris la notion
d'un meilleur sort ? L'idéal de la vie de campagne
avec une jolie fermière et de bons paysans était
déjà loin. On avait été dragon, on connaissait
le plaisir et le bruit. Dès le lendemain, on s'installe en plein Paris, dans un bel appartement,
rue de Bourbon (aujourd'hui rue de Lille), on se
meuble somptueusement, on achète voiture et
chevaux et on s'en va passer fièrement devant

les fenêtres de l'hôtel de Bouillon pour narguer
le tyran qui peut, d'un geste et d'un mot, vous
envoyer mourir à la Bastille.

Le duc, violent et sans scrupule, n'était pas
méchant au fond, car il le laissa faire et ne
sévit point. Il savait bien que la faim ramène-
rait l'indocile sous le joug. Le trésor dura quelques semaines ; lorsque l'enfant prodigue vit approcher le terme inévitable de sa splendeur, il alla
trouver sa mère pour lui demander conseil. Elle
savait tout, elle avait vu la lettre de cachet, elle
l'exhorta à la soumission et se mit à ses genoux.
Il avait le cœur tendre et généreux, il chérissait
sa mère. Il disait d'elle sur ses vieux jours :

— J'ai connu bien des femmes charmantes, je
n'en ai jamais rencontré aucune qui, pour la grâce,
l'esprit et la bonté, approchât de ma mère.

Il fut ému, bouleversé ; il céda et partit pour le
séminaire d'Évreux, où il devait faire son temps
d'étude et d'épreuve.

L'aimable biographe que je résume croit savoir le véritable nom des demoiselles Verrières ;
selon le texte que j'ai sous les yeux, elles s'appe-
laient *de* Rainteau, et la mère de ma grand'mère
et de mon grand-oncle serait devenue comtesse

de Furcy à l'époque que je viens de retracer. Le
titre est au moins de trop. Les deux sœurs sont
historiquement connues sous les noms de Marie
et Geneviève Verrières, qu'elles portaient comme
dames d'Opéra, et ma grand'mère ne leur en a
jamais donné d'autres en me parlant d'elles. Dans
un acte de procédure du temps, le mari de mon
aïeule, en 1748, est qualifié tout simplement de
sieur de la Rivière, bourgeois de Paris. La femme
s'appelle Marie Rainteau.

Les demoiselles Verrières, après la vie brillante que l'on sait, devinrent dévotes et songè-
rent à quitter le monde. Voici une lettre qui
peint la situation. On verra que la signature
ajoute Furcy à Rainteau. Qu'était-ce que Furcy ?
Je ne sais et ne l'ai jamais su.

« Paris, 1771. — Je vous suis pas à pas, mon
cher enfant. Je sais, à peu près, l'heure de vos
exercices et je me joins à vous autant que me
le permet tout ce qui m'entoure, m'ennuie et
me fatigue. Ne riez pas si je vous dis que je
travaille avec vous. Ah çà ! monsieur Charles,
voilà qui n'est pas bien du tout, vous riez au
nez de votre mère ! Je m'explique.

» Quand je crois que vous êtes enfoncé dans vos auteurs, dans vos Pères de l'Église, moi, bien humblement, je prends la *Vie des saints.* Saint Augustin me rassure et me raffermit ; je veux, à son exemple, et quel exemple ! tout quitter, tout fuir, tout briser... Et vous voyez bien maintenant que je travaille avec vous.

» C'est surtout à l'heure de vos exercices de piété que vous me trouverez toujours à vos côtés, si ce n'est pas toujours en réalité, détournée que je suis encore, c'est au moins par mon désir constant et ma bonne volonté. Je prie avec vous, je prie pour vous, je vous tiens les mains, mon Moïse bien-aimé, quand vous les élevez vers le Seigneur ! Levez-les souvent pour votre pauvre mère, et ne les laissez pas tomber jusqu'à ce qu'elle ait obtenu miséricorde.

» Votre bonne marraine vous aime chaque jour davantage. Pauvre sœur, elle se désole quand elle me voit souffrante, et je le suis beaucoup. Adieu, mon ami, je vous embrasse.

» RAINTEAU DE FURCY. »

Malgré les conseils maternels et ses propres résolutions, le colonel de dragons se résignait difficilement à son nouvel état. La même année 1771, sa mère lui écrit encore :

« Je souffre d'ajouter à toutes vos peines, mon pauvre et si cher ami, mais il faut pourtant que je vous le dise. Il faut que vous ayez de grands ennemis auprès du prince de Turenne (le duc de Bouillon). Il ne veut pas, et cela absolument, que vous veniez à Paris durant les vacances qui arrivent! Il m'a défendu de vous recevoir si vous y veniez. Mon ami, voyez-vous mes larmes? Le prince est bon pourtant, il vous aime, mais il est si malade et si mal entouré !... Plaignons les méchants. Pardonnons-*les* toujours, et notre lot, malgré tous les chagrins qu'ils nous causent, vaut bien le leur, allez! Adieu. Vos lettres et vos bons sentiments soutiennent seuls mon courage pour pouvoir supporter vos peines, qui sont tant miennes !

» Votre bonne marraine me fait rire à travers mes larmes. *Les méchants!* dit-elle, *je voudrais les étrangler!* Elle si bonne et si douce, la voyez-vous étrangler quelqu'un !

» Cela vous dit encore comme elle vous aime,

» Votre meilleure amie,

» RAINTEAU DE FURCY. »

Quatre ans plus tard, Charles, désormais abbé de Beaumont, perdit cette bonne mère, trop faible et trop dépendante pour le défendre et le protéger.

En ce temps, la mère ne comptait pas, même dans la famille légale, à plus forte raison quand cette mère devait son existence à quelque grand seigneur qui commandait chez elle.

Dans ses dernières années, Marie Verrières alla vivre avec Geneviève au couvent de Sainte-Avoye. Elle ne laissa rien à ses enfants. Ma grand'mère, Aurore de Saxe, veuve du comte de Horn, dut s'établir au couvent des Anglaises, vivant d'une modique pension de la dauphine sa tante. L'abbé, toujours exilé de Paris, dut accepter la fonction de vicaire dans une petite cure de Normandie. La mort de sa mère lui fut si sensible, qu'il en faillit mourir. Son père lui écrivit à cette occasion.

« Ce 25. — Je ne sais encore que par vous, mon bien cher enfant, la cruelle nouvelle que vous m'avez mandée hier. Votre douleur est bien juste et je la partage bien vivement et bien sincèrement. Soyez assuré que, si vous vous conduisez bien, vous trouverez toujours dans mon cœur les sentiments les plus vrais et les plus tendres. Méritez-les par votre conduite, et par là mettez-moi à même de pouvoir décemment m'occuper de votre fortune.

» Adieu, mon bien cher fils, je vous embrasse et vous aime bien tendrement. — Votre père, le DUC DE BOUILLON. »

Ce tendre père qui avait failli le tuer dans un accès de jalousie et qui lui avait donné le choix entre la Bastille et la tonsure, le laissa encore quelques années en Normandie, puis il se décida à l'exiler encore plus loin, en le nommant curé de Tartas, dans les Landes.

À cette occasion, Geneviève Verrières, restée au couvent après la mort de sa sœur, écrivait au jeune abbé son neveu :

« Sainte-Avoie, 1784. — Quelle nouvelle! Je suis atterrée, anéantie! Pauvre et si cher ami, si encore, en vous plaignant, je pouvais vous consoler! Adieu toutes mes espérances, adieu toutes les espérances de notre bonne amie, votre pauvre mère! Elle était si persuadée, et je l'étais avec elle, que le prince vous attacherait à sa personne! Il n'en est rien, il n'en sera jamais rien, puisqu'il vous envoie aux antipodes!

» Comme je me figure les habitants des Landes ! Devrez-vous donc marcher sur des échas-
ses, comme eux ? Mon Dieu ! et c'est vous qui
êtes envoyé là ! Courage, ami : Dieu compte tout,
il voit tout, et nous aurons toute l'éternité pour
nous. »

Comment le duc de Bouillon avait-il le droit
de nommer un curé à Tartas ? Voici le détail
historique : Éléonore de Bergue, duchesse de
Bouillon, avait, en 1652, échangé la principauté
de Sedan et Raucourt, qui était l'antique apanage
de la maison de Bouillon, contre le duché d'Al-
bret. La ville de Tartas et le chef de la maison
de Bouillon s'étaient réservé le droit de nommer
à tour de rôle le curé de cette ville. C'était alors
une ville de noblesse et de bourgeoisie qui
avait ses attaches dans des familles depuis
longtemps domiciliées au pays. Tout le monde
s'y connaissait donc de père en fils, et l'abbé y
trouva bon accueil et bonne compagnie. Il se fit
à son exil, subit sa destinée, aima et se fit aimer. Il était essentiellement généreux, enthousiaste et sensible. Je l'ai connu dans sa vieillesse,
colère et parfois injuste, comme son père, bon

et charmant comme sa mère. A Tartas, il prit son parti d'exercer la charité chrétienne à la lettre, sans creuser les questions théologiques dont je l'ai, depuis, entendu faire très-bon marché. Il acheta son presbystère huit mille francs et s'y meubla pour six mille francs. Il faut croire qu'il avait encore quelque argent par devers lui, car son premier soin fut de créer à ses frais une immense marmite pour les pauvres, puis un grenier de réserve pour les années de misère. Tous les dimanches, les paysans chefs de famille avaient leur couvert mis chez lui. On ne le comprenait pas, ces braves gens ne sachant pas un mot de français ; mais on l'aimait pour son beau visage, ses manières sympathiques et ses grandes façons d'agir.

Il eut un procès à propos d'une usurpation de droit qui avait été faite contre lui. La cause fut portée à Bordeaux et gagnée. Ses adversaires furent condamnés à lui payer vingt-quatre mille francs qu'il distribua aussitôt aux pauvres de sa paroisse.

Le duc de Bouillon était toujours aux mains de Cerson et de Le Bas. Au lieu d'admirer le désintéressement et la loyauté de son fils, il prit

parti contre lui et lui écrivit un torrent d'injures
intraduisibles, ce qui ne corrigea nullement l'abbé
de sa générosité.

En voici une preuve des plus romanesques :

Il y avait à Tartas un peintre en bâtiments
nommé Cobet, qui tenta de voler, dans l'église
où il travaillait, une lampe, laquelle n'était pas
même en argent. Il fut jeté en prison, les fers
aux pieds. L'abbé alla le voir, et, touché de son
repentir, frappé de son intelligence et apprenant
qu'il avait à Auch une femme et cinq enfants
dont il était l'unique soutien, il se mit en tête
de le sauver, non-seulement en l'autre monde,
mais dans celui-ci. Il conseilla à Cobet de faire
le malade afin d'être transféré à l'hôpital. Cobet
joue si bien son rôle, que, dans la nuit, le gardien
de l'hospice le croit à l'extrémité et court chercher le curé. Celui-ci arrive ; on le laisse avec
le prétendu moribond qui demande à se confes-
ser.

— Partons, dit-il à Cobet ; ne perdons pas
une minute !

Mais Cobet ne peut marcher ; on ne lui a pas
ôté ses fers, qui sont rivés à ses pieds. L'abbé
n'hésite pas, il le charge sur ses épaules, s'es-

quive adroitement, traverse toute la ville par une nuit noire, arrive chez lui, grimpe à son grenier et y dépose son Cobet sur un tas de foin. Il l'y garda six semaines, ne le voyant que la nuit, lui portant alors à manger et l'aidant à limer ses fers, opération qui fut très-longue et très-difficile, et lui prêchant le travail et la probité. Enfin, il réussit à le faire partir secrètement, et il eut la satisfaction d'apprendre plus tard qu'il avait tenu ses promesses, qu'il travaillait bien et ne péchait plus.

M. de Beaumont avait agi avec tant d'habileté et de mystère, qu'on ne sut jamais ce que Cobet était devenu et comment, à l'article de la mort et chargé de fers, il avait pu disparaître. On crut à un miracle, on crut à son innocence.

La Révolution arrivait, rapide et menaçante. On donna pour vicaire à l'abbé un M. Pomirau, qui donna ardemment dans les idées nouvelles. Un matin, comme il allait sortir de la sacristie après sa première messe, il voit arriver son vicaire coiffé du bonnet phrygien aux trois couleurs. L'abbé se sentait bien encore d'avoir été dragon. Il saisit sa canne, la pose sur les lèvres de Pomirau et lui dit :

— Otez ce bonnet ou je vous fais manger ma canne comme un radis !

Il était alors très-opposé à l'établissement de la république. On verra plus tard qu'il transigea et fit bien.

Le duc de Bouillon venait de marier le prince son fils avec une princesse de Hesse. Que se passa-t-il entre eux ? Le lendemain du mariage, le prince « déclara que sa femme lui avait fait un affront qu'il ne lui pardonnerait jamais et qu'il ne voulait plus la voir ». L'infirme était fort têtu ; rien ne put le fléchir, et la princesse fut forcée de retourner dans sa famille. Le duc vit que sa maison allait s'éteindre avec lui et regretta d'avoir sacrifié le beau et bon bâtard, mais il ne songea point à le dédommager. Envoyé en mission royale en Angleterre, il séjourna quelque temps dans l'île de Jersey et y fit connaissance avec un M. d'Auvergne, son parent au huitième degré, dont il imagina d'adopter le fils aîné, lui léguant, après le décès du prince, son propre fils, le duché de Bouillon dans les Pays-Bas.

Peu de temps après (1791), le pauvre cul-de-jatte écrivait de son énorme écriture d'enfant, ce peu de mots qui remplissaient deux grandes pages :

« Mon cher abbé, notre père est enflé comme une barrique. Il a toujours été bien bon pour moi, mais je ne peux pas lui pardonner de l'avoir tant fait souffrir. Adieu, mon cher frère! adieu, mon meilleur ami! Ton frère qui t'aime,

» DE BOUILLON: »

Le duc, hydropique et mourant, avait une effroyable peur des événements qui se pressaient autour de lui. Il n'avait plus qu'une idée, mourir dans son hôtel et dans son lit! Il inventa d'épouser mademoiselle La Guerre, sa dernière maîtresse, fille d'un artisan, faisant ainsi alliance intime avec le peuple qu'il redoutait. Les Bourbons n'ont jamais pardonné cette lâcheté à sa mémoire.

De son côté, l'abbé était brave. Il fut arrêté et incarcéré à Mont-de-Marsan. Mais il est rare qu'un caractère parfaitement droit et noble ne fasse pas fléchir les circonstances autour de lui. On lui témoigna de grands égards, et, sur sa parole, on lui donna la ville pour prison. Puis Dumont, un homme du peuple, élu maire de Tartas, partit pour Mont-de-Marsan et plaida avec tant de chaleur pour l'abbé, racontant tout le bien qu'il avait fait, qu'on relâcha le prévenu et que Dumont le ramena à sa paroisse. Ils furent reçus avec enthousiasme, et M. de Beaumont a mis ce jour au nombre des plus beaux de sa vie.

Mais le temps des grandes rigueurs révolutionnaires arrivait. M. La Neuville, évêque de Dax, lui écrit : « Mon ami, le temps n'est plus seulement à l'orage. Le tonnerre tombe sur toute la France. Nous n'avons que le temps de fuir. J'ai, en Espagne, des amis qui m'attendent. Vous venez avec moi. Préparez-vous, il n'y a pas un moment à perdre. »

L'abbé fait ses apprêts de départ, dit adieu à ses amis qui le pleurent, mais qui le pressent de fuir les dangers, car il s'agissait de prêter le serment à la Constitution, et l'abbé n'y voulait pas entendre. L'exigence de ce serment était arbitraire, la résistance n'était pourtant pas de devoir religieux, car le serment ne portait aucune atteinte à la croyance personnelle, mais il bles-

sait l'opinion politique, et tout royaliste un peu
fier le repoussait comme une lâcheté. Donc
l'abbé était au moment d'émigrer lorsqu'il reçoit
une lettre de Paris et tombe comme foudroyé.
C'était la nouvelle de la mort de ce père qu'il
avait toujours aimé, malgré sa rigueur et son in-
justice. La lettre est trop curieuse pour qu'on
ne nous permette pas de la transcrire.

« Notre j.-f.... de père vient de mourir. Arrive
dans les bras et sur le cœur de ton frère. Je
voudrais te rendre aussi heureux que tu as été
malheureux. Si tu ne te hâtes pas, tu me trou-
veras guillotiné. Souviens-toi que tu as promis à
ma mère de me défendre. Je t'aime et je t'attends avec impatience. — Ton frère, DE BOUIL-
LON. »

Rien de plus net que l'égoïsme concis de ce
malheureux infirme, abandonné, au milieu de la
crise suprême, aux soins d'une valetaille prête à
le trahir et à le livrer. Il ne sait rien de mieux
à dire pour condamner le sort fait au bâtard
que de traiter son père de j.-f..., — et c'est le
bâtard qui pleure et respecte !

L'abbé fut comme anéanti pendant trois jours. Peut-être mûrissait-il une résolution suprême. Enfin il se ranime, se relève et court chez l'évêque.

— Mon frère est un grand enfant, orphelin, impotent, élevé sur un fauteuil par des valets, incapable au moral comme au physique de lever un doigt pour se défendre ou se préserver ; j'ai juré à sa mère mourante de *donner* au besoin *ma vie pour conserver la sienne.* Fuyez seul ; moi, je vais à Paris.

— Mais c'est la mort! vous allez au foyer de la Révolution.

— Je le sais. J'y vais.

— Vous ne traverserez pas la France sans être arrêté!

— Si fait : je prêterai le serment!

— Mon enfant, dit l'évêque en le pressant dans ses bras, que Dieu bénisse votre sainte entreprise! Partez!

Il n'était que temps ! Dumont, ayant appris que les commissaires du gouvernement étaient en route pour sévir dans le département des Landes, avait été au-devant d'eux à Bayonne pour plaider avec chaleur la cause du curé de

Tartas. Il eut affaire au plus humain des quatre, à Cavaignac, qui lui répondit :

— Dans peu de jours, nous serons chez vous avec la guillotine ; votre curé est le premier sur nos listes : il a refusé le serment, c'est un aristocrate, un fils de prince. Puisque c'est un digne homme, dites-lui de partir au plus vite, car il me serait absolument impossible de le sauver.

Quand Dumont revint avertir l'abbé, celui-ci avait prêté serment et il partait pour Paris.

La diligence marchait à grand'peine. L'abbé, qui avait su organiser si bien les secours que la misère n'était pas entrée dans sa paroisse, vit sur sa route des paysans manger de l'herbe et ne fit autre chose que donner l'aumône tout le long du voyage.

Il trouva son frère dans son hôtel, mangeant dans sa vaisselle plate fleurdelisée, servi par ses laquais en livrée, c'est-à-dire n'ayant, malgré sa frayeur, rien prévu, rien préparé pour se soustraire au péril. Le Bas était mort, mais Gerson était toujours là, et l'abbé frémit d'arriver trop tard. Il commença par jeter aux commodités toutes les pièces d'argenterie armoriées; puis, sachant bien qu'il ne maintiendrait l'ennemi

que par la crainte, il appela Cerson pour lui
dire qu'il lui pardonnerait tout, à la condition
qu'il resterait fidèle au prince. Cerson le haïssait
si mortellement, qu'il se jette sur lui pour l'étrangler ; l'abbé assis, pris à l'improviste, vient
pourtant à bout de se dégager. Ses gens accou-
rent au bruit :

— Jetez cet homme à la porte, dit l'abbé, mais
qu'on ne lui fasse aucun mal.

Ce paladin d'abbé, ce descendant de Godefroid
de Bouillon, eût dû étrangler Cerson, puisque
c'était le cas de légitime défense. Cerson s'é-
chappe sain et sauf et va dénoncer le prince.
Le lendemain, un domestique effaré accourt au
salon où causaient tranquillement les deux frères :

— On vient arrêter Son Altesse. Ils sont là !

— Prie pour moi, dit l'abbé au prince.

Et il s'élance dans l'antichambre.

— Qui demandez-vous, citoyens ?

— Nous venons arrêter le ci-devant duc de
Bouillon.

— Me voici, marchons !

On le mène au comité de salut public.

— Es-tu le ci-devant duc de Bouillon ?

— Non, je suis son frère.

— Pourquoi n'est-il pas venu ?

— Citoyens, accordez-moi la parole.

— Parle.

Il parle avec feu, avec simplicité, avec esprit. Il sait fort bien l'énergie du langage populaire et ne répugne pas à s'en servir. Il plaide l'inoffensivité du pauvre infirme et demande qu'on lui délivre un sauf-conduit pour l'emmener à la campagne. Il parle si bien qu'on lui répond :

— Tu es un bon b..... Tu auras ton sauf-conduit !

Il tend déjà la main pour le recevoir, mais tous ne l'ont point signé. Il y a quelque hésitation.

— Il nous faut en délibérer. Va-t'en et reviens dans une demi-heure.

On le pousse dans la rue. Il avise devant lui un café, il y entre : il attend, il compte les minutes; puis il se présente de noùveau à la porte.

— On ne passe pas, lui disent les hommes de faction.

— Pardon, ils m'ont dit de revenir au bout d'une demi-heure.

— Ils nous ont dit que, quand tu reviendrais, il fallait te renvoyer, tu ne passeras pas !

Et on le repousse dans la rue.

Il rentre au café, prend une plume qu'il met en travers dans sa bouche, s'empare d'une feuille de papier, et, avec l'allure délibérée et pressée d'un garçon de bureau attardé, il pousse, il culbute tout en criant : « Gare ! gare donc ! » et il entre dans la salle du conseil.

— Par où es-tu entré ? s'écrie un des membres stupéfait.

— Par la porte, citoyens !

— La consigne était de ne pas te laisser revenir.

— J'avais votre parole, j'étais sûr que vous me recevriez.

On sourit, on l'écoute encore, tous signent le sauf-conduit. Il lui est permis de conduire son frère au château de Navarre ; il remercie avec effusion. Il retourne au café, car il est très-nerveux et il sent que la tête lui tourne. Il paie sa dépense, se sent défaillir, se ranime et court à l'hôtel de Bouillon pour dire à son frère :

— J'ai tenu ma parole, je t'ai sauvé. Ta mère est contente de moi. En route pour Navarre !

Mais, pour être à Navarre, était-on sauvé ?

On traversait la Terreur. Le prince se rassurait et se réjouissait comme un enfant. L'abbé voyait bien qu'il y avait quelque chose à faire encore. Ce qu'il inventa était dans ses habitudes de générosité et dans ses instincts de grand seigneur. Il demanda carte blanche au prince, manda tous les fermiers, se fit approvisionner par eux pour des distributions pantagruéliques et appela tous les nécessiteux d'alentour à la nourriture. Il y eut foule au château, car la riche Normandie était dans la misère comme le reste de la France. L'abbé dépensa des sommes considérables, sans prodigalité pourtant, car il était essentiellement organisateur et administrateur. Il fit si bien, que les libéralités de la maison de Bouillon devinrent, en ces mauvais jours, une nécessité dont il eût été impolitique de priver les paysans affamés et désespérés. La Terreur passa sans encombre pour les réfugiés du château de Navarre. Le prince fut fort gai et ne manqua de rien. Il imagina, pour tuer le temps, d'entreprendre un amusement littéraire en partie double avec son frère. Il voulait faire un roman d'amour par lettres. L'abbé écrirait celles de la dame; le duc, celles de l'amant. La chose n'alla pas plus loin

que la première querelle entre les deux amants,
le duc y mettant trop de réalités. « Madame,
disait-il, vous êtes une f... poupée, une f...
bégueule, une f... pimbêche ! » L'abbé lui fit
comprendre en riant qu'il était impossible de continuer sur un ton si haut monté, et on en resta là.

Après la tourmente, les deux frères revinrent
à Paris. L'abbé avait une grosse liquidation à
faire pour que son frère ne fût pas ruiné, car le
temps était venu où les grands seigneurs étaient
tenus de payer leurs dettes, et, depuis un passé
immémorial, la maison de Bouillon n'avait
jamais mis ses affaires au pair. L'abbé vint à
bout de cette tâche réputée impossible. Il satisfit
tous les créanciers, il nettoya les écuries d'Au-
gias, comme je le lui ai entendu dire. — Ce
qu'il n'a dit qu'à ses intimes amis, c'est qu'il y
porta un désintéressement admirable et que,
dans une affaire où on lui offrait un pot-de-vin
de trois cent mille francs, il n'accepta qu'à la
condition d'employer cette somme au rachat des
dernières créances. Le prince le pressait d'accepter les trois cent mille francs pour sa part des
bénéfices, et, ne pouvant vaincre sa résistance,
il lui dit :

— Fais donc comme tu voudras, f... bête !

Il le gratifia de la même épithète lorsque, voulant lui faire accepter vingt-quatre mille livres de rente en toute propriété, au lieu de douze mille francs de pension viagère que son père lui avait légués, il le trouva inaccessible à toute vue d'intérêt personnel. Mais, s'il était grossier, il était reconnaissant, et l'abbé fut la seule affection réelle de sa vie.

Et pourtant il mourut brouillé avec ce bon ange de frère. La duchesse de Bouillon, cette princesse de Hesse qu'il avait épousée et répudiée dès le lendemain, était venue trouver M. de Beaumont pour le supplier de la réconcilier avec son mari. Le prince prit la chose très-mal et l'envoya faire f..., en ajoutant :

— Va au diable et mènes-y ma femme avec toi !

M. de Beaumont savait qu'il aurait raison de lui en feignant de le bouder. Il resta deux jours sans le voir; le troisième, il apprit que son frère était mort subitement dans la nuit.

Le bon abbé aimait ce malheureux en raison du dévouement absolu qu'il avait eu pour lui, il fut longtemps inconsolable.

Sous l'Empire, M. de Talleyrand, qui venait le voir souvent et qui faisait grand cas de lui, vint lui annoncer qu'il était nommé évêque d'Arras. Il refusa et fit nommer son ami M. de Latour-en-Lamagnai à sa place. Plus tard, Talleyrand voulut l'attacher à l'ambassade de Russie. Il refusa encore. S'il avait caressé quelque chimère d'ambition dans sa jeunesse, le temps de fièvre et d'espoir avait été si court, qu'il s'en souvenait à peine. Sa vie extérieure brisée, il n'avait plus voulu, il ne voulait plus vivre que par le cœur. Et puis il avait subi une contrainte si contraire à ses instincts, que la liberté lui paraissait le premier des biens. Je l'ai souvent entendu dire à ma grand'mère que la Révolution l'avait *délivré*, et qu'il n'avait pas le droit de la maudire. Tous deux détestaient 93, mais ils respectaient 89.

Le reste de la notice que j'ai sous les yeux devient personnelle à mes parents et à moi. Elle traite beaucoup de nos relations de famille ; j'ai parlé de ces relations et j'ai fait le portrait de mon grand-oncle dans l'*Histoire de ma vie*. Tout ce qui précède m'était inconnu ou mal connu ; peut-être n'ai-je pas parlé de lui avec

tout le respect que mérite un caractère si pur et
si généreux. Dans une nouvelle édition de mon
ouvrage, j'ajouterai au bien que j'ai dit de lui,
car je me suis vraiment trompée en voyant toujours en lui une manière d'abbé de cour. J'ignorais quelle tyrannie il avait subie et par quels
dévouements il s'était vengé. C'est un portrait à
refaire, car il m'apparaît sous un jour nouveau.
Ce n'est plus un débris de l'ancien régime prenant la nouvelle société avec une légèreté de
cœur philosophique : c'est une victime de ce
passé où les notions de la famille et les liens du
sang sont si étrangement confondus et méconnus
dans les grandes familles. C'est un opprimé plein
de tendresse et de mansuétude, rendu à la possession de lui-même, resté aimable, souriant et
paternel sur les ruines de sa propre existence.

Il vécut paisible, adonné aux arts, qu'il effleura
d'une main légère, entouré de vieux amis et
d'enfants adoptifs dont quelques-uns vivent encore et bénissent sa mémoire, entre autres
mademoiselle Virginie Cazeaux, une personne
de grand mérite qui lui a fermé les yeux à
Brunoy, et qui s'est retirée à Tartas, d'où elle

m'a envoyé les éléments du résumé qu'on vient de lire.

M. de Beaumont a vécu dans l'aisance avec sa modique pension, grâce à sa science des choses pratiques. Il a eu le grand art de rendre beaucoup de services et de donner beaucoup de secours en menant une vie d'apparence assez somptueuse et de réel bien-être. Il est mort d'un anévrisme au cœur, dont il avait, je crois, toujours souffert, à l'âge de soixante-treize ans.

Nohant, décembre 1875.

DIALOGUES

ET

FRAGMENTS PHILOSOPHIQUES[1]

Je suis de ceux pour qui un livre de M. Renan est comme un jour doux et clair où passent beaucoup de nuages tour à tour brillants et sombres, tous beaux de couleur et de forme. Le soleil est souvent voilé et puis les nuées se dissipent, et il reparaît triomphant pour se voiler encore. On aime ces alternatives, qui sont l'image exacte de la conscience humaine aux prises avec l'idéal. L'immuable sérénité ne se trouve, pour l'homme de recherches, que dans les sciences positives : celui qui cherche la vérité au

____

1. Par Ernest Renan.

delà doit combattre sans relâche le grand combat.

Ce combat terrible entre la foi et l'expérience est aujourd'hui dans tous les esprits moyens. Nulle époque autant que la nôtre ne l'a poussé à ses extrêmes péripéties. L'Église, dernière gardienne de la révélation, tente les derniers efforts pour imposer le divorce entre la croyance et la raison. La science lutte tranquillement, dans son domaine imprescriptible, pour rejeter le miracle, c'est-à-dire l'interversion des lois naturelles au gré d'un pouvoir placé en dehors de la nature. Entre ces deux pôles, la majorité des bons esprits se débat, ne voulant renoncer ni à son idéal, ni à sa raison. L'humanité pensante en est arrivée à cette impasse, à cette porte de fer devant laquelle se brisent tous les efforts de l'orthodoxie et de l'athéisme. Il faut que les écoles extrêmes en prennent leur parti. L'homme ne se passera ni du pain de l'âme, ni de celui du corps.

Si cette lutte agite les esprits moyens, elle est ardente quand elle se concentre dans des esprits de premier ordre comme ceux de MM. Berthelot et Renan; car le livre des *Dialogues et Frag-*

ments philosophiques, pour n'être signé que d'un
de ces noms illustres, n'en est pas moins sorti
d'une double inspiration. M. Renan le proclame
avec la chaleur de l'amitié dans une touchante
dédicace, et, dans le cours de l'ouvrage, une
lettre de M. Berthelot, page capitale qui répond
à toute la logique du livre et qui la confirme
victorieusement, prouve de reste que ces deux
grandes intelligences ont agi l'une sur l'autre à
la manière de deux éléments qui se pénètrent
sans se transformer et sans rien perdre de ce
qui constitue leur force. Ils ne se sont pas fait
de concessions mutuelles, on le voit bien. Rien
en eux-mêmes ne s'est désagrégé. C'eût été bien
dommage, car il est rare que deux esprits de
nature différente se confondent sans s'atténuer
mutuellement. M. Renan a gardé son idéal de
logique et de sentiment. M. Berthelot garde sa
puissance expérimentale, sa certitude basée sur
l'évidence, et il s'est produit un fait rare, digne
de notre admiration. Ils ne se sont pas heurtés
dans la discussion, ils n'ont pas même songé à
se combattre. C'est peut-être la première fois,
dans l'histoire de la philosophie, qu'un pareil
fait se produit, et je ne sais si on l'a remarqué

autant qu'il le mérite. C'est pourquoi j'en parle,
tout indigne que je suis de m'élever à de si
hautes visées.

Il est vrai que, dans toute la première moitié
du livre, les *Dialogues*, M. Renan fait à la science
la part si belle, il rend à la méthode expérimentale de tels hommages, qu'elle aurait mauvaise
grâce à ne pas reconnaître l'autorité que l'idéal
conserve dans son domaine. Ce qui sera lu avec
le plus d'empressement dans ce volume, ce qui
soulèvera le plus d'objections, de colères peut-
être, mais ce qui, à coup sûr, présentera le plus
d'attrait à la curiosité et d'aliments à la discussion, c'est le quatrième dialogue, intitulé *Rêves*.

Il y a là un certain Théoctiste qui va loin, je
l'avoue, et qui me paraît logique jusqu'à la fé-
rocité. Ce n'est pas un personnage réel qui parle,
ne l'oublions pas ; ce n'est pas une théorie que
l'auteur recueille et raconte ; c'est un raisonnement éclos et mené jusqu'au bout, un des lobes
de son propre cerveau qui a fonctionné, en ce
moment-là, jusqu'à épuisement d'induction. Les
autres lobes cérébraux, représentés par les autres
personnages des dialogues, sont un peu scanda-
lisés de la véhémence de Théoctiste ; mais, si

j'avais été admise, pauvre hère, en cette illustre compagnie, j'aurais réclamé plus haut pour les pauvres d'esprit menacés d'extermination finale par les puissants moyens de force brutale que posséderont un jour, au dire de cet exalté, les hommes de science, et voici ce que le paysan du Danube se fût permis de lui répondre :

« Vous dites que l'avenir du monde appartient aux savants, qu'ils sont tout, et nous autres ignorants rien qui vaille. Vous décrétez que la démocratie ne peut rien pour le progrès et qu'elle doit le subir, sauf à être exterminée par lui, si, ne le comprenant pas, elle y fait obstacle. Vous admettez qu'elle ne peut le comprendre que par ses résultats. Donc, si elle combat des expériences et en trouble l'application, qu'elle soit anéantie par ces engins, qui, en dehors des mains savantes, seront des ustensiles de nulle efficacité. » Ce serait donc la fin de la race humaine, car, d'après votre raisonnement, il n'y aura jamais qu'un petit nombre d'hommes éclairés, et les masses, les nations entières accepteront bien moins les décrets de l'incompréhensible dans l'ordre positif que dans l'ordre merveilleux. Il faudra des centaines, peut-être des mil-

liers de siècles, pour que ces masses soient arrivées par la pratique à ne plus douter de votre
infaillibilité scientifique, car il aura fallu tout ce
temps-là pour vous la faire acquérir à vous-
mêmes. Nous voici donc lancés dans des guerres
atroces où vous régnerez par la terreur, et votre science de destruction augmentant toujours,
chaque nouvelle guerre sera plus meurtrière que
les autres, jusqu'à ce que vous restiez seuls en
face de vos instruments formidables, n'ayant
plus d'autre ressource que de faire sauter la
planète pour en finir. Voilà un petit rêve qui
n'est pas gai, et que vos amis ont eu raison de
traiter d'affreux cauchemar.

Le pouvoir absolu qui s'appuierait sur la
science du fait serait le pire de tous, parce qu'il
détruirait l'amour de la liberté qui commence
à nous venir et dont nous n'avons pas abusé
jusqu'ici. Il nous rejetterait dans la barbarie des
superstitions. Les hommes ne se laissent pas convaincre malgré eux. L'évidence n'a pas d'empire
sur celui à qui on ôte le choix entre le vrai et
le faux. Être libre, c'est la première condition
pour voir clair. Laissez la foudre aux mains du
vieux Zeus. Au moins celui-là ne savait pas s'en

servir. Ne rêvez plus d'être la souche future des empereurs légitimes et des papes infaillibles. Il ne faut plus de ces pouvoirs-là. Honneur à la masse vulgaire si elle sait les supprimer sans violence, tandis que vous rêveriez de les rétablir par la force !

Mais j'ai tort d'insister sur cette petite débauche d'imagination du philosophe, et je demande qu'au contraire les lecteurs sérieux en fassent bon marché et suivent M. Renan sur son véritable terrain, qui est l'idéal. Je le soupçonne presque, car c'est un esprit aussi malicieux que tendre, d'avoir mis cette thèse dans la bouche de Théoctiste, pour nous montrer qu'en allant trop loin dans la passion de la science positive, on peut arriver à des conclusions pareilles à celles de l'inquisition. Ou bien encore, consultons sa préface et reportons-nous à l'époque de mai 71, où ces dialogues furent écrits. La force brutale dominait partout le droit moral. Le philosophe éprouvait le besoin de les mettre d'accord à tout prix, dans les hypothèses de l'avenir.

Mais ce n'est pas dans ce passage brillant, et admirablement écrit d'ailleurs, qu'il faut chercher la force réelle des idées et des réflexions

de M. Renan. La vraie puissance de ce merveilleux talent est dans sa douceur, dans sa modestie généreuse, dans l'esprit de véritable charité
qui le pénètre et qui émane de lui. C'est un
rare type de penseur. Épris de raison et de liberté jusqu'à tout sacrifier s'il le fallait à ces
lois sublimes, il reste l'apôtre fervent du sens
divin dans l'homme ; sa conviction désarme le
positivisme le plus méfiant, et voici que l'âme
la plus ferme dans la voie du matérialisme bien
entendu lui répond :

« Le sentiment du bien et du mal est un fait
» primordial de la nature humaine; il s'impose
» à nous en dehors de tout raisonnement, de
» toute croyance dogmatique, de toute idée de
» peine ou de récompense. Il en est de même
» de la liberté, sans laquelle le devoir ne serait
» qu'un mot vide de sens. La discussion abs-
» traite si longtemps agitée entre le fatalisme
» et la liberté n'a plus de raison d'être; l'homme
» sent qu'il est libre, c'est un fait qu'aucun rai-
» sonnement ne peut ébranler. Les anciennes
» opinions, nées trop souvent de l'ignorance et
» de la fantaisie, disparaissent pour faire place
» à des convictions nouvelles fondées sur l'ob-

» servation de la nature. J'entends de la nature
» morale aussi bien que de la nature physique.
» Les premières opinions avaient sans cesse va-
» rié, parce qu'elles étaient arbitraires ; les nou-
» velles subsisteront, parce que la réalité en
» devient de plus en plus manifeste, à mesure
» qu'elles trouvent leur application dans la so-
» ciété humaine, depuis l'ordre matériel et in-
» dustriel jusqu'à l'ordre moral et intellectuel le
» plus élevé. La puissance qu'elles donnent à
» l'homme sur le monde et sur l'homme lui-
» même est leur plus solide garantie. Quiconque
» a goûté de ce fruit ne saurait plus s'en déta-
» cher. Tous les esprits sont ainsi gagnés sans
» retour, à mesure que s'efface la trace des
» vieux préjugés, et il se constitue, dans les ré-
» gions les plus hautes de l'humanité, un en-
» semble de convictions qui ne seront plus ja-
» mais renversées. »

Voilà de grandes paroles et que tous nous
ferons bien de méditer. C'est Marcelin Berthelot,
un savant de premier ordre, un adepte inébran-
lable de la méthode expérimentale, qui reconnaît dans l'homme le sentiment primordial du
bien, du beau et du bon. Il fait à ce sentiment

la première part dans le droit humain. La liberté n'est pour lui que le moyen de l'exercer. Nous voici bien loin du matérialisme proprement dit, qui détruit toutes les notions du devoir et du droit. Cette constatation du fait primordial nous suffit. Elle légitime l'affirmation de M. Renan que l'univers a un but et que l'homme est vertueux ou coupable selon qu'il se soumet à ce but ou qu'il cherche à le combattre.

Dire que le livre est beau, c'est dire ce qui frappe tous les lecteurs de M. Renan. Mais disons aussi qu'il est bon; que son mérite n'est pas purement littéraire; qu'il nous réconcilie avec le bon sens, tout en développant de plus en plus en nous le sentiment de l'idéal, enfin qu'il assure nos pas sur la terre, tout en aidant nos ailes à pousser. N'est-ce pas là, en effet, le grand, le vrai problème? Ne faut-il pas que nous échappions radicalement aux illusions du passé, et qu'en même temps nous gardions la foi et le culte des vérités sacrées sans lesquelles nous assimilerions les idées aux faits et perdrions la notion de la grande synthèse? La nature est immorale, nous disent les savants. Elle ne fait pas de choix; elle frappe sans souci du mérite

des êtres, elle obéit à des lois qu'aucune considé-
ration morale n'entrave et ne fait même hésiter.
Voilà qui est vrai pour les forces de la matière;
mais, que l'homme soit matière ou esprit, le
voilà qui entre en lutte contre cette force aveugle et qui la combat à son profit; aussitôt que
vous lui accordez le discernement de ce qui est
utile ou nuisible, il faut bien lui accorder la
liberté et la connaissance du bien et du mal.
Si la morale est un fait primordial, vérifié par
l'expérience et au-dessus de tout raisonnement,
la morale est, d'une certaine manière, dans la
nature ; car, non-seulement l'homme appartient
à la nature, mais encore il en est, quant à notre
monde, l'expression la plus haute, l'expression
raisonnée.

Nohant, mai 1876.

THÉATRE DES MARIONNETTES

DE NOHANT

De toutes les manières de s'amuser à la campagne ou dans les salons, la plus émouvante et
la plus artiste est certainement le théâtre ; qu'il
soit musique, drame ou comédie, il met en jeu
toutes les volontés et en lumière toutes les apti-
tudes des personnes qui s'y emploient. Il est un
exercice d'esprit et une étude de plastique pour
les jeunes gens des deux sexes. Durant les longues soirées d'hiver, j'imaginai, il y a environ
trente ans, de créer, pour ma famille, un théâtre
renouvelé de l'antique procédé italien, dit *comé-
dia dell' arte*, c'est-à-dire des pièces dont le

dialogue improvisé suivait un canevas écrit affi-
ché dans la coulisse.

Cela ressemblait aux charades que l'on joue
en société et qui sont plus ou moins dévelop-
pées selon l'ensemble et le talent qu'on y
apporte. Nous avions débuté par là. Peu à peu
le mot de la charade disparut et l'on joua d'a-
bord des saynètes folles, puis des comédies d'intrigues et d'aventures, puis enfin des drames à
événements et à émotions. Le tout avait commencé par la pantomime, et ceci avait été de
l'invention de Chopin ; il tenait le piano et im-
provisait, tandis que les jeunes gens mimaient
des scènes et dansaient des ballets comiques. Je
vous laisse à penser si ces improvisations admirables ou charmantes montaient la tête et dé-
liaient les jambes de nos exécutants. Il les con-
duisait à sa guise et les faisait passer, selon sa
fantaisie, du plaisant au sévère, du burlesque
au solennel, du gracieux au passionné. On im-
provisait des costumes afin de jouer successive-
ment plusieurs rôles. Dès que l'artiste les voyait
paraître, il adaptait merveilleusement son thème
et son accent à leur caractère. Ceci se renou-
vela durant trois soirées, et puis le maî-

tre, partant pour Paris, nous laissa tout excités, tout exaltés, et décidés à ne pas laisser perdre l'étincelle qui nous avait électrisés.

Je ne raconterai pas ici l'histoire de notre théâtre improvisé. Je dirai celle du théâtre des marionnettes de Nohant, qui a marché à côté et qui a fini par prendre un développement complet, tandis que l'autre s'est arrêté faute d'acteurs. Si j'ai parlé de celui-ci, où nous remplissions des rôles, et où, pendant des années, nous ne voulûmes point de spectateurs, c'est pour en en venir à ceci, que, si la comédie est le plus vif amusement de la vie intime, elle exige un concours de circonstances qui ne se créent pas à volonté et une réunion d'amis exceptionnellement disposés à y prendre part. Le théâtre toujours possible est celui des marionnettes, parce qu'il réclame peu d'espace, de moindres frais et une seule personne, deux tout au plus, pour manier les personnages et tenir le dialogue. Il est donc à la portée de quiconque a de l'esprit ou de la faconde, du talent ou de la gaieté, et, si l'on y ajoute l'invention et le goût, il peut prendre des proportions singulièrement intéressantes.

Mais la marionnette élémentaire a besoin de notables perfectionnements, et nous voulons donner au public tous les petits secrets du métier. C'est pourquoi nous raconterons toute l'histoire de ces *pupazzi* que nous avons vus naître et qui sont devenus pour nous de véritables personnages associés à toutes les impressions gaies ou poétiques de notre vie intime.

Disons, avant tout, ce que c'est que la marionnette et quelle place elle tient dans l'histoire de l'art.

La marionnette n'est pas ce qu'un peuple vain pense. Il y a là en effet tout un art spécial, non pas seulement nécessaire dans la confection et l'emploi du personnage qui représente l'être humain en petit, mais encore dans la fiction plus ou moins littéraire qu'il doit interpréter.

Tout le monde connaît l'excellent et charmant ouvrage que M. Magnin, de l'Institut, a publié d'abord en chapitres dans la *Revue des Deux Mondes*, puis en volume (chez Michel Lévy, 1852). C'est bien l'*Histoire des marionnettes en Europe, depuis l'antiquité jusqu'à nos jours*, mais c'est aussi l'histoire du théâtre européen, car ces deux modes de représentation scénique ont toujours été contemporains ; leur commune origine se perd dans la nuit du passé, et ils ont suivi les mêmes destinées jusqu'à nos jours. Quand ils ont été proscrits ou délaissés, c'est pour les mêmes causes, la persécution religieuse ou les malheurs publics. En tout temps, ils ont répondu à un besoin impérissable de l'homme, celui de la fiction, et l'art qu'ils ont exprimé a été l'histoire de l'imagination humaine, mythologies de l'ancien monde, mystères du moyen âge, exploits de la chevalerie, féeries de la renaissance, drames et galanteries des temps modernes. Ils ont présenté au regard sous le relief de la rampe toutes les rêveries de l'homme associées à toutes ses réalités.

La marionnette obéit sur la scène aux mêmes lois fondamentales que celles qui régissent le théâtre en grand. C'est toujours le temple architectural, immense ou microscopique, où se meuvent des appétits ou des passions. Entre le Grand Opéra et les baraques des Champs-Élysées, il n'y a pas de différence morale. Le Méphisto de Faust est le même Satan que le diable cornu de Polichinelle. Polichinelle, Faust, don Juan ne sont-ils pas le même homme, diversement influencé par l'éternel combat entre la chair et l'esprit?

Il n'y a donc pas deux arts dramatiques, il n'y en a qu'un. Mettre des marionnettes en scène est un acte qui réclame autant de soin et de savoir que celui d'y mettre de véritables acteurs. Les procédés ont même des points de ressemblance. Les gens qui ne sont ni de l'un ni de l'autre métier croient généralement que tous les mouvements et toutes les intonations s'improvisent librement à la représentation. Ils ne savent pas que le long et minutieux travail des répétitions consiste à emprisonner, à garrotter l'acteur dans la convention de son rôle avec une précision automatique.

La longue histoire des marionnettes prouve qu'elles peuvent tout représenter, et que, jusqu'à un certain point, ces êtres fictifs, mus par la volonté de l'homme qui les fait agir et parler, deviennent des êtres humains bien ou mal inspirés pour nous émouvoir ou nous divertir. Tout le drame est dans le cerveau et sur les lèvres de l'artiste ou du poète qui leur donne la vie. Il n'est donc pas étonnant que certains maîtres en l'art des marionnettes aient passionné beaucoup de lettrés, et que de grands esprits aient, ou travaillé pour elles, ou puisé leurs inspirations dans les traditions séculaires de leurs répertoires. M. Magnin nous apprend, et nous prouve par des citations, qu'ils contenaient de grandes beautés, comme on en trouve dans ces chansons populaires dont les auteurs sont restés inconnus.

La marionnette est d'ailleurs un être multiple, qui tantôt se résume en une tête et des mains de bois adaptées à un sac d'étoffe, tantôt devient un objet d'art dans les mains du mécanicien, du sculpteur, du peintre et du costumier. Les marionnettes à corps entier, dont les articulations sont mues par des fils, ne devraient pas être confondues, comme l'a fait M. Magnin, avec les automates proprement dits, dont le mérite appartient exclusivement à l'art mécanique, comme les poupées parlantes qu'on met aujourd'hui dans les mains de nos enfants, et qui ne sont pas, disons-le en passant, une médiocre invention. Pourtant, comme les enfants seront toujours des enfants, c'est-à-dire de petits hommes et de petites femmes qui obéissent au besoin d'exprimer la vie dans leurs jeux, les poupées mécaniques les étonnent plus qu'elles ne les amusent. Quand la surprise est passée, c'est-à-dire au bout d'un jour ou deux, l'enfant a brisé l'automate pour voir ce qu'il y a dedans, ou il le délaisse, préférant les poupées ou les animaux articulés, qu'il peut ployer à sa guise et faire crier ou parler par sa propre voix.

C'est pour cela que les marionnettes de la première catégorie, les véritables *guignols* ou *burattini*, qui n'ont point de jambes, et qui, vues à mi-corps, remuent les bras dont les manches vides sont remplies par le pouce et le médius de l'opérant, tandis que l'index soutient la tête, sont et seront toujours plus animées et plus amusantes que celles qui obéissent au système des fils et des ressorts. Je ne veux pas dire de mal des *fantoccini* italiens, que j'ai vus à Gênes et qu'on voit à Milan réciter des tragédies et danser des ballets avec une précision de gestes et de pas vraiment extraordinaire. Mais un tel spectacle est déjà très-compliqué; il exige une troupe d'*operanti* qui sont en même temps *recitanti*, hommes et femmes; et, s'ils disent bien leurs rôles, on regrette de ne pas les voir en scène à la place de leurs figurines aux gestes trop précis, aux physionomies inertes.

Nous avons toujours cru qu'il était possible de créer, en petit, un théâtre dont une seule personne serait l'inspiration, le mouvement et la vie. Ce problème semblait tout réalisé déjà par les guignols des baraques, dont la verve et la gaieté ont le monopole de la place publique. Mais, à ces divertissements élémentaires, ne pouvait-on ajouter l'illusion théâtrale, la poésie ou la réalité du décor, le mérite ou le charme littéraire? Avec des moyens aussi simples que la marionnette sans jambes, vue à mi-corps, pouvait-on obtenir l'illusion de la scène et sortir des classiques lazzi de Polichinelle? C'était un problème, et voici comment il a été résolu par mon fils Maurice Sand, que j'appellerai Maurice tout court, puisqu'il ne peut pas être *monsieur* sous ma plume.

C'est en 1847 que, pour la première fois, avec l'aide d'Eugène Lambert, son ami et son camarade à l'atelier d'Eugène Delacroix, et sans autre public que moi et Victor Borie, alors journaliste en province, Maurice installa une baraque de marionnettes dans notre vieux salon. Nous venions d'être assez nombreux pour jouer en famille la comédie improvisée (voir *Masques et Bouffons*, Maurice Sand). La troupe s'était dispersée, nous n'étions plus que quatre à la maison : deux de nous se consacrèrent à charmer les longues soirées d'hiver des deux autres.

La première représentation n'eut pourtant pas lieu sur un théâtre. L'idée naquit derrière une chaise dont le dos, tourné vers les spectateurs, était garni d'un grand carton à dessin et d'une serviette cachant les deux artistes agenouillés. Deux bûchettes, à peine dégrossies et emmaillottées de chiffons, élevèrent leur buste sur la barre du dossier, et un dialogue très-animé s'engagea. Je ne m'en rappelle pas un mot, mais il dut être fort plaisant, car il nous fit beaucoup rire, et nous demandâmes tout de suite des figurines peintes et une scène pour les faire mouvoir.

Ce théâtre se composa d'un léger châssis garni d'indienne à ramages et de sept acteurs taillés dans une souche de tilleul : M. Guignol, Pierrot, Purpurin, Combrillo, Isabelle, della Spada, capitan, Arbaït, gendarme, et un monstre vert. Je réclame la confection du monstre, dont la vaste gueule, destinée à engloutir Pierrot, fut formée d'une paire de pantoufles doublées de rouge, et le corps, d'une manche de satin bleuâtre ; si bien que ce monstre, qui existe encore et qui n'a pas cessé de porter le nom de «monstre vert», a toujours été bleu ! Le public nombreux qui depuis l'a vu fonctionner ne s'en est jamais aperçu.

On joua des féeries ; les deux jeunes artistes, habitués déjà à l'improvisation, furent si comiques, que les deux spectateurs, à l'unanimité, les engagèrent à augmenter la troupe et à soigner le décor. Ils répondirent que le théâtre était trop petit et ne comportait qu'une paire de coulisses et une toile de fond. On verrait l'année suivante.

Il ne fut pas possible d'attendre jusque-là. Victor Borie, voulant représenter un incendie, incendia pour tout de bon le théâtre, et il fallut en construire un autre, dont les dimensions furent doublées. Dans le courant de l'hiver, on joua sept pièces : *Pierrot libérateur, Serpentin vert, Olivia, Woodstoke, le Moine, le Chevalier de Saint-Fargeau, le Réveil du lion.*

En 1848, on en joua une douzaine. On apportait toujours le châssis au salon, après le dîner; on dressait le décor, et on constatait chaque soir un nouveau progrès. Cromwell, Léon, Lacroix, Valsenestre, Cléanthe, Louis, Rose, Céleste, Ida et Daumont avaient vu le jour, et, à peine sortis de la bûche, avaient paru sur la scène avec l'aplomb de vieux comédiens. On avait amélioré l'éclairage, la chose la plus difficile à obtenir, sans risque d'incendie, dans un théâtre portatif; mais le système était encore trop imparfait pour qu'on s'appliquât beaucoup aux décors. Et puis on jouait encore la comédie improvisée plus souvent et plus volontiers que les marionnettes. Ce qui n'empêchait pas certaines soirées d'être consacrées à la lecture. Chacun lisait à son tour, pendant que les autres travaillaient aux costumes ou à la sculpture des figurines. Nous achevions *les Girondins* de Lamartine, quand, par une préoccupation très-naturelle, Maurice et Lambert eurent l'idée de représenter toute la révolution française en une série de pièces conçues comme un roman historique à la Walter Scott. Il y en eut seulement deux de jouées. La révolution de Février nous surprit au beau milieu de notre vie de campagne et nous dispersa de nouveau.

En 49, on se remit à l'œuvre : la troupe,

composée de dix-sept personnages, s'installa dans
une petite pièce voûtée qui servait de garde-
meuble et que, dans mon enfance, on appelait,
je ne sais pourquoi, la *salle des archives*. En 49,
elle fut nettoyée, restaurée et classiquement
consacrée « aux muses ». Un ou deux ans plus
tard, on perça un gros mur, où l'on pratiqua
une arcade ; la salle des marionnettes devint la
loge d'un public de soixante personnes bien
placées sur une estrade qui se démontait et se
remontait en peu d'instants. Au delà de l'arcade
se trouvait une grande pièce assez élevée pour
qu'on pût y planter le théâtre des acteurs vivants,
et dont on enleva le billard pour établir un
second plancher. Cette combinaison fut très-
heureuse. On plaça le luminaire sur la face du
mur qui regardait le théâtre, et le spectateur,
assis dans l'ombre, fut absolument trompé sur
la dimension et la profondeur des objets exhibés
devant lui. On avait obtenu un effet de diorama
qui permit des lointains et des reliefs remarquables dans un espace chétif en réalité.

Quant aux marionnettes, leur théâtre, établi
dans la partie de la *salle des archives* qui ne
faisait point face à l'arcade, resta tranquille et

intact derrière une cloison mobile qui en masquait entièrement la façade. Quand on le rouvrit, on lui appliqua le même système d'éclairage qu'à l'autre théâtre. La charpente à demeure étant solide, on établit une rampe et des montants cachés à l'œil du spectateur et munis de puissants réflecteurs. Plus tard, on mit une herse dans les frises, et, plus tard encore, on en ajouta deux autres au milieu et au fond, si bien que la scène fut éclairée comme celle d'un vrai théâtre, et on put se permettre un grand luxe de décors, dont il fut permis de régler l'éclairage selon les besoins de l'effet. Rien n'était plus simple que de rendre la lumière rouge ou bleue par le moyen des verres de couleur et des transparents ; mais on ne s'arrêta pas au nécessaire. On voulut avoir le soleil, la lune, les étoiles et le reflet des astres dans les eaux. Maurice, devenu promptement menuisier, serrurier et mécanicien, fut bientôt un habile machiniste. On voulut, plus tard, voir le soleil et la lune se lever et se coucher. On était exigeant ; on trouvait insupportables ces astres immobiles. On peignit des ciels sur calicot et on fit monter et descendre derrière, frisant la toile, une boîte de lanterne magique, dont la lentille fut réglée selon l'éclat voulu. Au moyen d'un simple tourne-broche, dont on régla également le mouvement et dont on éteignit le bruit, on eut le lever et le coucher du soleil et de la lune relativement aussi muets et aussi lents que dans la réalité. Il ne s'agissait que de monter la machine avant le lever du rideau et de la faire marcher au moment nécessaire. Le changement de lumière sur la scène fut obtenu par des ficelles dont l'opérateur se sert avec la plus grande facilité, sans interrompre son dialogue. Tout cela exigea d'assez longs tâtonnements. Aujourd'hui, tout fonctionne au gré de l'opérant, et une lanterne à lumière électrique lui permet les apothéoses. Disons, pour finir ce qui a trait à l'éclairage, ce point essentiel des effets de théâtre, qu'on ne souffrit point de lustre dans la salle. Quelques bougies placées contre la muraille du fond, derrière le spectateur, suffisent pour lui faire trouver sa place, et tout l'éclat du véritable luminaire, dont il n'aperçoit point les foyers, se concentre sur le théâtre. C'est toujours l'effet de diorama, qu'on n'a jamais essayé d'appliquer ailleurs, et qui donnerait à la scène la magie et la profon-

deur qu'elle n'a point. Les Italiens savent bien
que les salles doivent être sombres pour que la
scène soit lumineuse, et que l'œil perd la faculté
de bien voir quand la clarté l'assiége et le pénètre de près et de tous côtés. Mais les Français,
les Françaises surtout, vont au théâtre pour se
faire voir, et le spectacle passe souvent par-
dessus le marché.

Les progrès obtenus par Maurice dans l'art
d'adapter par des moyens faciles et peu coûteux
c'est-à-dire à la portée de beaucoup de personnes, les merveilles du théâtre à une bonbonnière,
furent souvent interrompus par l'étude de choses
plus sérieuses. Quand nous avions des loisirs,
ce qui n'arrivait pas tous les ans, le *Grand
Théâtre*, comme nous l'appelions par antithèse
forcée, bien qu'il fût une bonbonnière aussi,
nous occupait davantage; mais, par le soin que
nous apportions à nos costumes, à notre mise
en scène, et par l'habitude que nous prenions
d'improviser le dialogue, le don de faire agir et
parler des marionnettes ne se perdait pas chez
nos jeunes artistes. En 1848 et 49, ils nous
avaient joué dix-huit pièces nouvelles. En 1854,
Thiron, aujourd'hui de la Comédie-Française,

débuta chez nous, non-seulement dans la comédie
improvisée, mais encore au théâtre des marionnettes et fut éblouissant d'esprit et de verve sur
ces deux scènes. Lambert, très-brillant aussi et
très-original, reprit ensuite son emploi. Puis
Alexandre Manceau l'année suivante et Thiron
encore. Plus tard, Victor Borie, Sully - Lévy,
Édouard Cadol, Charles Marchal, Porel; enfin
plus tard encore, notre ami Planet et deux de
mes neveux furent les associés de mon fils dans
la mise en scène, la convention des canevas et
la récitation des marionnettes. Avec gens qui
ont de l'esprit à revendre, il était difficile que
ces représentations ne fussent pas d'exquis divertissements. De 1854 à 1872, il y en eut environ cent vingt. Et puis Maurice travailla et
opéra tout seul et c'est alors que ce théâtre entra
dans une voie nouvelle qui n'est sans doute pas
son dernier mot, mais qui est la voie d'un art
complet, en ce sens qu'il peut aborder des genres
jusqu'ici interdits à ses moyens d'exécution.

En effet, la marionnette classique, tenue dans
la main, est, par la nature de son agencement,
un être exclusivement burlesque. Ses mouvements souples ont de la gentillesse, mais ses

gestes sont désordonnés et le plus souvent impossibles. C'est donc un personnage impropre aux rôles sérieux, et il avait fallu tout le talent de nos *operanti* pour nous attendrir et nous effrayer dans certaines situations. Presque toujours ils nous donnaient des parodies de mélodrames ou des pièces bouffonnes. Les titres de quelques-unes en font foi, comme *Oswald l'Écossais*, *l'Auberge du Haricot vert*, *Sang, Sérénades et Bandits*, *Robert le Maudit*, *les Sangliers noirs*, *une Femme et un Sac de nuit*, *les Filles brunes de Ferrare*, *le Spectre chauve*, *Pourpre et Sang*, *les Lames de Tolède*, *Roberto le bon voleur*, *l'Ermite de la marée montante*, *une Tempête dans un cœur de bronze*, *le Cadavre récalcitrant*, etc. Les sujets bouffons étaient souvent inspirés par les impressions du moment, une aventure ridicule dans le monde politique ou artiste, une chronique locale, un récit amusant ou singulier, la visite de quelque personnage absurde, un intrus dont on faisait la charge sans qu'il se reconnût, tout servait de thème à la pièce établie en canevas en quelques heures et jouée quelquefois le soir même. Nous avons dû à ce charmant petit théâtre des distractions bienfaisantes,

des soirées d'expansion et d'oubli d'un prix ines-
timable.

La dispersion de la famille et la difficulté de
se réunir, la mort de quelques amis bien chers
qui avaient brillé sur notre *Grand Théâtre* (Bocage y avait joué, et d'autres non moins célèbres), enfin le manque de temps pour les loisirs
avaient amené la suspension indéfinie de la
comedia dell'arte. Les marionnettes seules nous
restaient, et mon fils, à mesure que ma vie se
fixait davantage à la campagne, tenait à m'y
donner les plaisirs de la fiction, si nécessaires
à ceux qui la cultivent pour leur compte et qui
s'en lasseraient, si l'invention des autres ne les
distrayait point de leur propre contention d'esprit. Mais il était seul la plupart du temps.

L'heure du travail ou du mariage était venue
pour ses jeunes associés. Nous avions de jeunes
enfants qu'il tenait à divertir aussi et pour qui
la charge exclusive eût été, ou incompréhensible
ou d'une mauvaise influence sur le goût nais-
sant. Il fallait un théâtre plus châtié et dès lors
une plus fidèle observation des lois de la scène.
Ceci paraissait impossible, car on n'a que deux
mains, et les pièces ainsi rendues par un seul

opérant ne peuvent être qu'une suite de mono-
logues ou de scènes à deux personnages. Avec
un compère, on ne pouvait dépasser le nombre
de quatre, et, si on avait besoin de comparses,
on plaçait au fond une sorte de râteau sur les
longues dents duquel plusieurs marionnettes
étaient fichées. Ce râteau, excellent pour les
effets comiques, présentait une rangée de têtes
immobiles sur des robes flasques, avec des bras
pendants du plus piteux aspect. C'était comme
une apparition de pendus. Rien de plus impossible à prendre au sérieux que la marionnette
quand elle n'est pas chaussée par la main
humaine, et les dimensions du théâtre ne per-
mettaient pas la liberté d'action de plus de deux
opérants.

Ces dimensions, qui, chez nous, ne sont pas
tout à fait ce qu'il faudrait, vu le manque d'em-
placement, devraient être, quant au cadre de la
scène, d'un mètre de hauteur sur deux mètres
de largeur; ce seraient les plus grandes qu'on
puisse mettre en harmonie avec la taille de la
figurine, c'est-à-dire avec sa tête, ses mains et
son buste, qui représentent sa hauteur fictive,
70 centimètres. Plus petite, la tête ne se ver-

rait qu'à une distance trop rapprochée. Plus
grosse, elle fatiguerait le doigt qui la supporte et
serait trop accentuée pour produire l'illusion.
Cette figure doit être toujours en mouvement.
Tant qu'elle remue, elle paraît vivante. Elle
doit être sculptée avec soin, mais assez largement ;
trop fine, elle devient insignifiante. Elle doit
être peinte à l'huile sans aucun vernis, avoir de
vrais cheveux et de vraie barbe. Les yeux peuvent être en émail comme ceux des poupées.
Nous les préférons peints, avec un clou noir,
rond et bombé pour prunelle. Ce clou verni
reçoit la lumière à chaque mouvement de la
tête et produit l'illusion complète du regard. Il
peut faire aussi l'illusion d'une prunelle bleue
si on l'entoure d'un léger coup de pinceau
trempé dans le cobalt ; dans ce cas, il faut faire
la pupille avec un clou noir plus petit. Les mains
doivent être en bois ; en porcelaine elles se cas-
seraient trop vite. Il les faut nécessairement as-
sorties à l'importance ou à la délicatesse de la
face. Celles qui sont d'un dessin élémentaire
sont préférables à des mains très-finies dont la
position étendue ou fermée frapperait par son
immobilité. Il faut qu'elles ne soient en réalité

ni fermées ni ouvertes, et que, par leur aspect un peu vague et grâce au mouvement qui les anime sans cesse, elles échappent à l'œil qui chercherait à en saisir le détail.

On voit que, malgré l'aide d'un compère, mon fils avait toujours eu de grandes difficultés à vaincre pour éviter les scènes à cinq personnages ou pour les obtenir. On ne pouvait pas asseoir la marionnette et l'abandonner sans que sa tête fût fixée à son siége. A cet effet, le siége était muni d'un crochet, et un piton était caché dans la chevelure de la marionnette; mais il fallait une grande adresse pour faire entrer vite le crochet, et quelquefois le personnage s'agitait convulsivement sur son siége sans parvenir à se fixer. L'improvisation tirait parti de tout. — « Qu'avez-vous donc? lui demandait une autre personne; êtes-vous souffrant ? — Oui, répondait le patient condamné à s'accrocher. C'est une maladie grave qu'on appelle le *piton*. — Bah ! je connais ça, nous y sommes tous sujets. » Dès lors, si un récitant s'embarrassait dans le scénario et qu'il fît attendre sa réplique, les autres personnages lui demandaient si, lui aussi, *avait le piton*. Pendant longtemps, *avoir le piton*,

c'est-à-dire manquer de mémoire, fut une
locution consacrée dans les coulisses de l'O-
déon, dont les acteurs avaient vu ou fait jouer
nos marionnettes. Le souffleur surtout la connaissait, lui qui était forcé d'être attentif *au
pilon.*

En outre de ces difficultés, il arrivait souvent
que l'on était forcé de laisser la scène vide pour
introduire les mains dans de nouveaux personnages et pour préparer quelque accessoire; c'é-
tait autant de *loups,* nom que l'on donne,
en argot de théâtre, à ces maladresses, aujour-
d'hui bien rares, de la composition littéraire, qui
consistent à laisser le théâtre vide. Nos spectateurs étaient prévenus que les loups nous étaient
nécessaires. S'ils s'impatientaient, on proposait
de nommer le théâtre : *Théâtre des loups,* pour
couper court à toute récrimination. Mon fils
voulut supprimer les loups, les scènes à nombre
limité de personnages, la nécessité de les tenir
debout ou accrochés, les quelques répétitions
auxquelles ses associés devaient s'astreindre sous
peine d'embrouiller la pièce, enfin se passer
d'eux du moment qu'ils étaient absents. Il imagina d'établir, sur le premier plan du théâtre,

deux traverses à coulisseaux glissant dans des rainures, et, dans ces coulisseaux, des trous où l'on plante la marionnette munie d'un support. Ce support est une tige de fil de fer en spirale dont chaque extrémité est garnie d'un bouchon de bois, l'un qui entre dans le cou du personnage et remplace le doigt de l'opérant, l'autre qui s'enfonce dans le trou du coulisseau. Au moyen de la double traverse, les personnages en scène peuvent être aussi nombreux qu'on le désire, et chacun peut passer derrière ou devant les autres pour être au premier ou au second rang. Les fauteuils, les trônes, les tables, les divans sont portés par d'autres rainures à coulisseaux, qui partent des côtés et se plient ou se déplient suivant les besoins de la *mise en état* [1]. De semblables rainures pour porter des personnages assis ou debout sur les côtés se déplient et se replient également pour les besoins de la mise en scène. Enfin, quatre autres traverses avec le même système de coulisseaux sont établies au fond et permettent la présence d'une nombreuse assemblée, ou des plans de décors, si

---

1. On appelle mise en état l'arrangement des meubles et accessoires nécessaires à la mise en scène.

ceux de l'extrême fond ne suffisent pas. En résumé, c'est un faux plancher dont les interval-
les permettent à l'opérant d'aller de l'un à l'autre de ses acteurs, de passer sa main sous leur
vêtement pour mettre ses doigts dans les manches et faire mouvoir les bras, de les tirer du
coulisseau pour les faire marcher, danser, sortir,
se coucher ou s'asseoir. Ils s'asseient parfaitement en apparence, le support entrant dans le
trou du coulisseau qui porte le siége ; ils peuvent
se mettre au lit, se soulever, se lever, se recou-
cher sans qu'on voie le support, et, au besoin,
on le retire sans que personne s'en aperçoive.

Au moyen de ces traverses et de ces coulisseaux qu'on place sur les lignes de la perspective dans les décors à plusieurs plans, on introduit une foule, une armée, un corps de ballet.
Mais ici les personnages sont représentés par des
poupées de grandeurs différentes, proportionnées
au plan où elles se trouvent. Elles entrent et sortent
avec leur coulisseau, par bandes de trente ou qua-
rante comparses à la fois. Il y en a, pour les
derniers plans, qui n'ont pas plus d'un pouce de
haut et qu'on distingue parfaitement. Il arrive
aussi qu'on veut amener à grand effet un person-

nage du fond d'un grand décor ouvert. Il suffit de lui substituer rapidement à chaque plan une poupée plus grande à mesure qu'il se rapproche. Dans les apparitions, ce truc si simple est d'une illusion qui ne peut être réalisée que par des marionnettes. Un spectre se compose de cinq ou six poupées pareilles, mais de grandeurs différentes, qui traversent chacune un plan de ruines ou descendent de terrasse en terrasse en se succédant l'une à l'autre jusqu'à ce que la dernière arrive sur le devant de la scène dans sa dimension normale.

Toute cette machination étant obtenue par des moyens d'une extrême simplicité, on voit que l'on peut réaliser sur une scène de marionnettes ce qui est impossible ailleurs et manier le fantastique bien au delà de ce que comportent les théâtres d'acteurs vivants. La mécanique peut obtenir plus de précision ; mais c'est là un autre art, d'où la vie est exclue, quelle que soit la récitation qui accompagne et explique le mouvement des figures. J'ai vu autrefois sur la place des Esclavons, durant les fêtes du *Redentore*, à Venise, des drames de chevalerie exécutés par de merveilleux automates. C'était de savantes

petites machines, des chevaliers d'une coudée de
haut se livrant à des combats équestres, des
dames ruisselantes d'or et de pierreries donnant
le prix au vainqueur, des pages sonnant du cor
sur le haut des tours, que sais-je? Mais des vers
du Tasse ou de l'Arioste étaient braillés dans la
baraque pour expliquer l'action, et ce n'était
point là qu'il fallait espérer les jouissances de
l'illusion.

La vraie marionnette doit être, je le dis encore, dans la main de l'homme qui parle. Quand
Maurice fait parler les siennes dans une scène
de fond, il laisse glisser le support et les fait
mouvoir à la manière classique, qui est la meilleure. Quand elles ne sont plus que spectateurs
de l'action, ou qu'elles écoutent en plaçant de
temps en temps une réplique, il les réintègre
sur le support et ne s'occupe plus d'elles que
pour passer lestement ses doigts dans les manches lorsque vient leur réplique. Il les retire
pour passer à un autre et peut animer ainsi
plusieurs groupes prenant part à la même action. Pour aider à la rapidité du dialogue, il y
a encore d'autres expédients fort simples. Un
personnage n'a qu'un mot ou deux à lancer

dans une scène à plusieurs. Un fil de soie est passé à son bras et dans un piton imperceptible caché dans son nœud de cravate ; en tirant le fil, on obtient un geste suffisant ; ces détails sont essentiels, car la marionnette, qui ne remue pas les lèvres, doit remuer le corps pour avoir l'air de parler ; grâce à son support légèrement élastique, il suffit de souffler dessus pour lui imprimer le mouvement. Mais, pour arriver à faire vivre une trentaine de personnages en scène sans en toucher plus de deux à la fois, il fallait obtenir de la marionnette une attitude convenable quand elle est au repos, et c'est par quoi l'on dut commencer. Ceci fut l'objet d'une discussion *passionnée* entre mon fils et moi. Je ne prévoyais pas les heureuses innovations qu'il méditait, et je fus vivement contrariée quand il m'apporta une marionnette qui avait des épaules et une poitrine en carton. C'était très-bien exécuté, admirablement modelé, garni de peau et peint d'un ton excellent qui permettait à nos femmes de porter des corsages ajustés et décolletés. Jusque-là, nous avions triché pour simuler la taille et les épaules. Chargée depuis trente ans de faire leurs costumes et de les habiller pour la représentation, j'avais passé bien des soirées et quelquefois des nuits à ce minutieux travail. Avec le nouveau système, il fallait refaire tous les costumes, et il y en avait des caisses entières. J'avais même fait bon nombre d'uniformes militaires, des costumes renaissance ou moyen âge, enfin des habits de cour Louis XV et Louis XVI brodés *ad hoc* en soie, en chenille, en or et argent sur soie et velours. Je tirais aussi un juste orgueil de ma lingerie, car ces dames possédaient des chemises, des jupons, des collerettes de toute sorte. Il fallait tout recommencer !

Mais ce n'était pas là mon plus grand chagrin. Je craignais de ne plus reconnaître nos chers petits personnages quand ils auraient un buste. Ils étaient nombreux et tous d'un type excellent, pouvant exprimer les caractères qui leur sont confiés ; mais quelques-uns nous étaient particulièrement sympathiques, et nous ne nous faisions pas à l'idée de leur voir une autre tournure et d'autres attitudes. Une représentation, qui avait pour sujet la lutte des acteurs *épaulés* contre ceux qui ne l'étaient pas encore, donna raison à l'inventeur. La cuirasse de carton, assez courte

par devant et plus courte encore par derrière,
permettait d'animer le personnage autant que par
le passé et de le laisser reposer sur son support
sans qu'il prît une attitude fâcheuse. Le corps
ne tombait plus comme un parapluie qui se ferme,
les bras ne ballottaient plus sur les flancs avec
les mains retournées à l'envers. Une nouvelle
innovation avait fixé l'avant-bras au corps sous
forme de manches aisées où les doigts, n'entrant
plus jusqu'à l'épaule du personnage, donnaient
une apparence de coude articulé. La marionnette
au repos conserve donc le bras légèrement
replié sans gaucherie et sans efforts. Le support
fut d'abord un *ressort à boudin*; on y renonça
parce que la souplesse et le tremblement du
corps étaient exagérés; le fil de fer formant
seulement trois ou quatre spirales fut adopté. Il
suffit à donner aux personnages un très-léger
balancement qui se communique à ceux qui
l'avoisinent et qui fait merveille à la danse.
L'immobilité est donc supprimée, les gestes ne
sont plus convulsifs, à moins qu'on ne les veuille
tels en les exagérant. On n'a rien perdu de ce
qui servait au burlesque, on a gagné tout ce
qu'il empêchait de se produire. On pourrait

jouer des pièces sérieuses si on en avait envie. On peut, en tout cas, aborder des situations d'un réel intérêt, sans qu'un geste déplacé ou une attitude ridicule les compromettent.

L'adresse de l'opérant et son délicat outillage font le reste, ses personnages portent leurs siéges pour s'asseoir à la place qui convient, ils font un lit en scène, ils prennent un flambeau ou une lampe sur un meuble pour le mettre sur un autre. Ils servent un repas, ils se déshabillent et se rhabillent devant le spectateur, ils ôtent leurs chapeaux et les remettent, ils se battent en duel, ils valsent et dansent avec beaucoup de grâce et d'entrain. En réalité, ils ne prennent rien; l'objet qui leur est nécessaire leur est présenté au bout d'une mince tige de fil de fer qui accompagne leur mouvement et leur permet de le saisir en apparence avec une seule main, sans que leurs deux pattes serrées au corps les rendent ridicules.

Et tout ceci est si bien agencé et réglé, que l'opérant tout seul a pu faire agir les deux ou trois cents personnages d'une féerie, faire surgir ou disparaître des forêts, des palais enchantés, démolir des forteresses, incendier des villes, voler des génies, des chars de fées tirés par des colombes, pourfendre des guivres et des hippogriffes, promener des navires sur la mer agitée, figurer à distance des joutes et des tournois dans la proportion voulue, ramener en un instant ces personnages agrandis sur la scène, faire passer des éléphants, des chameaux et des chevaux, des tigres, des loups et des lions, simuler une chasse, imiter à lui seul toutes les voix, tous les airs, tous les bruits, avec une *mise au point* parfaite, même les convois de chemins de fer avec leurs sifflements et le souffle haletant de la chaudière. Une multitude de petits objets accrochés autour de lui, dans la partie du théâtre où il se tient debout (*il castello*, terme consacré), lui servent à donner à ces bruits accessoires une vérité surprenante. Timbres de plusieurs calibres, gongs, sifflets, trompettes, cor de chasse, pluie, vent, tonnerre, grêle, chants d'oiseaux, grelots, roulement de voiture, vagues qui déferlent, tout est rendu à point et rien n'est omis. L'intensité des sons a été étudiée pour ne pas rompre la proportion qui doit exister entre ce petit monde fictif et les bruits qui s'y produisent. Un trop fort roulement de voiture ou de tonnerre écraserait le décor et les personnages. L'harmonie savamment établie dans tous ces détails produit un phénomène auquel aucun spectateur n'échappe. Au lever du rideau, comme à l'apparition des premiers personnages, il se rend bien compte qu'il a affaire à des marionnettes; mais bientôt il oublie de comparer leur stature à la sienne. La demi-obscurité où il est efface les autres points de comparaison; la vérité de l'action qui se produit devant lui le saisit au point qu'il y croit et que l'apparition d'une tête humaine au milieu des personnages, comme il arrive quelquefois quand l'*opérante* masqué se montre en géant ou en ogre, devient monstrueuse et véritablement effrayante.

On fait aujourd'hui de très-jolis jouets d'enfants, On peut les utiliser en les choisissant dans la proportion voulue et en les corrigeant si les formes sont défectueuses et l'enluminure trop crue.

On peut en avoir qui se montent comme une montre et marchent tout seuls. Mais ils coûtent fort cher et font moins d'effet que ceux qu'on promène au bout d'une tige à la hauteur du plan. Les automates n'obéissent qu'à eux-mêmes

et ne font rien d'imprévu. Les plus vulgaires
animaux en bois, corrigés et repeints, sont préférables. Pour les grands monstres de la féerie,
ce sont des tarasques comme on les fabriquait
jadis en osier pour les fêtes populaires du Midi.
Les nôtres sont en baleine revêtue d'étoffe, ou
mieux encore en acier; tous nos anciens *jupons-
cage*, si fort à la mode dans ces derniers temps,
y ont passé et ont fourni la souple carcasse d'animaux fantastiques qui sont de véritables objets
d'art.

Il s'agissait encore de pouvoir organiser vite
les représentations, car le plaisir est toujours
pris à la volée dans l'existence de gens qui tra-
vaillent sérieusement à autre chose. Le plus
long, c'était, à chaque pièce nouvelle, de désha-
biller et de rhabiller les personnages, cela pre-
nait des heures que nous n'avions pas toujours
à leur service. Il valait mieux avoir une troupe
habillée une fois pour toutes, sauf les excentri-
cités imprévues. C'est pourquoi, en l'espace de
quelques jours, Maurice sculptait de temps en
temps à la veillée une vingtaine de personnages
nouveaux. Il y en a maintenant cent vingt-cinq,
sans compter les nombreux petits comparses des

différents plans. Ce grand nombre de types et
de costumes est nécessaire. Bien plus que l'auteur dramatique qui désire trouver, dans les acteurs qu'on lui propose, les tempéraments qu'il
a rêvés pour ses caractères, le *maître du jeu* de
marionnettes doit se préoccuper de l'expression
des figures de ses sujets, de leur regard, de leur
sourire, de leur forme craniale, de leur chevelure, enfin de leur tempérament particulier,
bien plus essentiel à leur effet que celui de l'acteur vivant. Dès qu'on sort des masques pétri-
fiés de l'ancienne comédie italienne qui n'expri-
maient que des types élémentaires, on rencontre
une foule de nuances dans l'être humain. Ces
nuances, l'habileté du comédien les apprécie
plus ou moins, et il se transforme selon le
besoin de son rôle. Le comédien de bois n'a pas
cette ressource. Il faut qu'il soit, une fois pour
toutes, le type qu'on attend de lui. J'ai vu souvent Maurice hésiter longtemps entre plusieurs
figures dont aucune ne réalisait l'idée qu'il
s'était faite d'un certain caractère à produire, et
se décider à fabriquer un nouvel acteur avant
de monter sa pièce. Ces cent vingt-cinq personnages, qui tous ont un nom et une histoire,

surtout les anciens, qui, légèrement retouchés,
sont restés nos favoris, se prêtent à tous les em-
plois sans jalousie de métier et sans reculer devant les plus mauvais rôles, certains d'avoir
affaire à un directeur intègre qui leur fera prendre leur revanche à l'occasion. Ils nous sont
maintenant doublement chers, depuis qu'ils
charment nos enfants en les instruisant, car on
apprend de tout et partout quand la substance
de l'amusement est bonne en soi. Nous arrivons
à aimer les marionnettes de Nohant comme nos
petites filles aiment leurs poupées, et, quant à
elles, elles deviennent plus soigneuses et plus
maternelles en voyant ce qu'on peut attribuer et
jusqu'à un certain point communiquer d'esprit,
de grâce et de sentiment à ces êtres fictifs. Le
lendemain d'une représentation, elles rejouent la
pièce dans tous les coins de la maison et du jardin avec leurs poupées. Elles les costument, les
disposent et les font parler avec cette mémoire
surprenante des enfants qui saisit de préférence
ce qu'on croyait au-dessus de leur portée. Je me
rappelle combien notre ancienne comédie improvisée eut de prompts et de bons effets pour
éclaircir les idées de nos enfants d'alors, en dé-

brouillant leur parole et en les contraignant à suivre le fil d'une logique serrée dans la fièvre de leur divertissement. Je crois que c'est là une bonne école pour l'enfance et la jeunesse, non pas un fond d'enseignement suffisant par lui-même, mais le meilleur des exercices pour amener l'esprit à s'élargir et à vouloir apprendre mieux pour se manifester davantage.

Examinons maintenant, en racontant toujours, le côté littéraire de la récitation du théâtre des marionnettes ainsi perfectionnées, car il y a une littérature à improviser en vue des ressources dont un pareil théâtre dispose. L'opérant, qui fait ses pièces et les joue à lui tout seul, les joue mieux qu'une troupe de théâtre stylée à interpréter des pensées qui ne sont pas les siennes. C'est pourtant la même voix qui parle pour tous ; mais, outre que chaque marionnette accompagne son débit d'attitudes et de gestes expressifs, l'inflexion et les intonations parfaite-ment justes du *récitant* donnent un dialogue d'une clarté complète : il n'est pas nécessaire qu'il change beaucoup son diapason ; chaque personnage a bien, comme dans la réalité, son intonation et sa prononciation particulières en

rapport avec ses tendances ou ses prétentions
personnelles; mais il faut bien peu d'effort pour
mettre sa diction d'accord avec sa figure, son
costume et son rôle. Dans les bonnes troupes de
théâtre, la récitation tend toujours à s'harmo-
niser et à faire disparaître ce que la manière
personnelle aurait de trop tranché. Il en est de
même pour les marionnettes; les nuances légères sont plus agréables que les exagérations d'in-
dividualité, et même elles se prêtent mieux à la
clarté du dialogue. Mais il ne faut pas oublier
que le maître du jeu improvise et qu'il ne dé-
bite pas sa pièce comme un bon lecteur, tranquillement assis devant son manuscrit avec un
verre d'eau sous la main. Il a bien son manuscrit placé sur un léger pupitre mobile, à moins
qu'il ne l'apprenne par cœur et que la mémoire
ne lui fasse jamais défaut; mais encore cette
ressource ne lui suffirait pas s'il n'était pas doué
de la présence d'esprit nécessaire pour combler
des vides inévitables. La marionnette n'obéit pas
à la main qui la dirige aussi passivement que
l'acteur à la réglementation de la mise en scène.
Elle ne marche pas toute seule, elle ne remue
pas d'elle-même, elle ne se gare pas d'un ob-

stacle; elle peut s'accrocher à un décor, elle peut sortir de son support ou du doigt de l'opérant et s'évanouir hors de propos. Il est donc fort difficile, sinon impossible, de s'en tenir à la lettre du texte, et il faut être prêt à expliquer les accidents. Les vrais acteurs, quand ces accidents se produisent, ne peuvent y obvier. J'ai vu les plus spirituels et les plus intelligents rester court et se décontenancer en scène quand leur interlocuteur attendu manquait son entrée. Cela est tout simple, l'acteur eût-il d'excellentes idées à son service, n'a pas le droit de mettre son improvisation à la place du texte. L'auteur et le public, sans compter la censure, pourraient lui faire un mauvais parti. Dans son *castello*, le maître du jeu de marionnettes a ses coudées franches, il est seul responsable. Il dit son propre texte et le modifie à chaque instant. S'il joue plusieurs fois la même pièce, il y ajoute les mots plaisants ou énergiques qui lui viennent ou supprime ceux qui n'ont pas porté aux représentations précédentes. Le propre de l'improvisateur est, d'ailleurs, de ne pas aimer à se répéter, et, s'il se soumet au canevas, il éprouve le continuel besoin de changer le dialogue. C'est

même le principal attrait de ce genre de specta-
tacle, sur lequel l'auditeur ne se blase pas. La
forme littéraire propre aux marionnettes est donc
le canevas écrit avec un dialogue élémentaire
très-rapide sur lequel le récitant peut broder.
Quel est en dehors de la scène l'effet de ce travail à la lecture? Nous avons voulu le savoir, et
il nous a paru très-original. En resserrant davantage l'action, le texte nous a été agréable
encore. Plus rapide et plus enlevé que celui qui
passe par plusieurs bouches, ce dialogue concis,
qui fait contraste avec les développements de
l'improvisation, apporte un mérite de plus au
talent net et solide de l'auteur.

Le grand attrait des marionnettes dans la vie
de campagne, c'est de représenter des *histoires*,
romans comiques, merveilleux ou dramatiques
en plusieurs soirées. Plus l'histoire est longue,
plus l'esprit s'y attache et voit avec regret arriver la fin de la soirée. L'improvisation permet à
l'auteur récitant de faire de chaque acte un chapitre développé qui remplit la soirée, ou d'en
montrer plusieurs rapidement enlevés. Me com-
prendra-t-on si je dis que ce théâtre est celui
des lenteurs charmantes et que nous préférons

ici l'improvisation étoffée et les détails de réalité
minutieuse, à la charpente sobre et au dialogue
concis qui sont de rigueur au véritable théâtre?
Chaque chose est bonne en son lieu. La marionnette est bavarde et musarde. Elle a, quoi qu'on
fasse, des gestes courts et des yeux étonnés qui
semblent faire effort pour comprendre toute
chose, et cette naïveté d'expression est toujours
comique ou touchante. Quand un incident du
drame la surprend, sa stupéfaction est éloquente.
Quand elle a trouvé un moyen d'échapper au
danger, on dirait qu'elle digère son idée et qu'elle
demande au spectateur si elle est bonne. Le jeu
ne doit donc pas se presser, car le personnage a
ses ressources particulières, ses singularités qui
amusent les yeux et calment les impatiences de
l'esprit. Ce qui irriterait au vrai théâtre, les
hors-d'œuvre, les scènes épisodiques sont ici
des flâneries divertissantes dont nul ne se plaint.
Elles rentrent dans la vérité absolue de la vie,
qui est un combat acharné contre l'empêche-
ment perpétuel. Avant l'invention des timbres-
poste, nous avions un facteur classique, personnage chantant, qui apportait la lettre fatale,
nœud de l'intrigue, et qui, pendant que l'ac-

teur en scène l'ouvrait « d'une main tremblante »
et s'efforçait de la déchiffrer, rentrait dix fois
pour réclamer le port et raconter ses peines de
cœur. Certain tailleur bègue arrivait aussi pour
réclamer sa note au moment où le héros partait
pour le bal ou pour le duel. Tous ces incidents
étaient tellement acceptés, qu'aux moments les
plus intéressants de l'action, on partageait avec
angoisse les souffrances de l'acteur, sans songer
à s'en prendre aux fantaisies du récitant.

Se servir de ses avantages et n'en pas abuser,
c'est la science du *maître de jeu* ; lorsqu'il s'en
sert bien, la fiction prend une couleur de vitalité
frappante. Un de nos amis, auteur dramatique
d'un ordre supérieur, assista un jour à une
pièce militaire du répertoire, et son attention
n'eut pas un sourire ; nous pensions qu'il s'en-
nuyait d'un passe-temps si léger. Le lendemain,
il nous dit : « Je n'ai pas dormi de la nuit et
je ne voudrais pas voir souvent ce théâtre. Il
m'a bouleversé, il m'a fait douter de l'art ; je
me suis demandé ce que valaient nos conven-
tions, à côté de ce dialogue libre, vulgaire,
rompu ou renoué comme dans la réalité, de ces
expressions spontanées si bien appropriées à la

situation, de ce pêle-mêle d'entrées et de sorties, ingénieux résumé de l'agitation et du tu-
multe. J'ai oublié absolument hier au soir que
je voyais des marionnettes ; je me suis cru dans
la forêt de l'Argonne, attelant précipitamment le
cheval de la vivandière, me couchant comme le
jeune conscrit pour éviter les coups de fusil,
m'intéressant avec passion aux morts et aux
blessés, et ne me souciant plus de la fiction
littéraire que j'étais hors d'état de juger, tant
elle me tenait par les entrailles. Je me ques-
tionne en vain pour savoir ce qui m'a tant ému.
Est-ce le résultat de l'absence d'art ou la vision
d'un art nouveau qui essaie d'éclore, ou enfin
d'un art consommé que je ne connais pas? »

Jamais pareil honneur n'avait été fait à nos
marionnettes, d'autant plus qu'à cette époque,
elles étaient bien loin d'avoir accompli les progrès matériels dont elles disposent maintenant.
Mon fils n'accepta ni l'idée trop flatteuse d'avoir
créé un art nouveau, ni celle trop sévère de
s'être soustrait à toute notion d'art. Il disait ce
que je pense aussi de cette manière de traduire
le mouvement de la vie : C'est la recherche
d'une convention très-bien réglée qu'on ne voit

pas. L'*opérante*, dans son étroit *castello*, invisible, ignoré, supprimé pour ainsi dire, a toute sa pensée parfaitement libre de préoccupation extérieure. Au bout de ses mains élevées au-dessus de sa tête, il fait mouvoir un monde qui réalise et personnifie les émotions qui lui viennent. Il voit ces personnages qui lui parlent de près, et qui, de sa main droite, demandent impérieusement une réponse à sa main gauche. Il faut qu'il reste court ou qu'il s'enfièvre, et, une fois enfiévré, il se sent lucide, parce que ses fictions ont pris corps et parlent pour ainsi dire d'elles-mêmes. Ce sont des êtres qui vivent de sa vie et qui lui en demandent une dépense complète sous peine de s'éteindre et de se pétrifier au bout de ses doigts. Il faut qu'elles disent et fassent ce qui est dans leur nature. Ce ne sont pas des rôles bien écrits qu'elles exigent, ce ne sont pas des fioritures littéraires, ni des expressions triées sur le volet : ce sont des raisons qui portent, c'est le parce que de toutes leurs actions et le pourquoi de leur situation. Les paroles les plus ingénieuses ne masqueraient pas les invraisemblances du caractère quand c'est une statuette et non un être humain qui agit. On lui demanderait pourquoi elle a pris cette figure et endossé ce costume, si ce n'est pour aller au fait et saisir la vérité.

Dans le fantastique, chose singulière, l'effet contraire se produit. Le personnage est d'autant plus dans le rêve que sa stature invraisemblable et sa figure immobile le mettent en dehors de la réalité. La féerie fait ici agir et parler des êtres impossibles, même des choses inanimées, comme dans *Jouets et Mystère*, une fantaisie du répertoire de Maurice, où l'apparition d'un *ballet de balais* nous a fait l'effet d'une hallucination, qui, du principal personnage de la pièce, se communiquait à nous-mêmes.

J'ai engagé l'auteur à recopier ses canevas, lisibles pour lui seul, et à les publier. Ce ne sont pas de simples scénarios; ils comportent, comme je l'ai dit, un dialogue net et serré, dont il se sert quand bon lui semble, et qui serait suffisant pour un *maître de jeu*, c'est-à-dire pour toute personne adroite de ses mains qui aurait des guignols à sa disposition et voudrait leur faire représenter une pièce au pied levé. C'est, je le répète, un amusement de famille ou d'intimité qui a sa valeur dans la vie générale dont la culture intellectuelle doit être le but. Plaisirs d'enfants si l'on veut, mais plaisirs d'artistes comme tous ceux que recherche l'esprit français, amoureux de la fiction dans tous les genres.

L'art du décorateur trouve aussi sa part dans ce divertissement, et, pour qui s'occupe ou veut s'occuper de peinture, la détrempe est le meilleur apprentissage qu'ou puisse faire. Ce n'est pas un art secondaire, comme pourraient le croire les gens superficiels. C'est l'art type, au contraire, l'art mathématique, le grand art exact dans ses procédés, sûr dans ses résultats. Le peintre en décors doit connaître la perspective assez parfaitement pour savoir tricher avec elle sans que l'œil s'en aperçoive. Il doit connaître aussi d'une façon mathématique la valeur relative et l'association nécessaire des tons qu'il emploie. Ce que ces tons doivent perdre ou gagner aux lumières, c'est une question de métier; mais ici le métier n'est pas tout. Il faut être aussi bien doué que savant pour donner à ces grands tableaux praticables l'aspect de la nature. Les maîtres décorateurs de nos théâtres sont donc en général d'éminents artistes, et Delacroix les tenait en

haute estime. Dans ses jours de paradoxes féconds
en enseignements, il les plaçait au-dessus de
lui-même. « Ces gens-là, disait-il, savent ce que
l'on ne nous apprend jamais, ce que nous ne
trouvons qu'après de longs tâtonnements et bien
des jours de désespoir. Nous nous battons contre
la vérité avant de la saisir, et eux, sans en
chercher si long, ils y arrivent par la science
exacte de leur art. »

Delacroix, je m'en souviens, allait plus loin
encore. Il avait, pour les papiers peints dont on
décore les appartements, une admiration enfan-
tine, et je l'ai vu s'extasier devant des scènes
militaires reproduisant des tableaux connus, sur
des papiers de salles d'auberge ou de cabaret.
Devant ces reliefs habilement enlevés et ces
rudes effets si simplement obtenus, il s'écriait
que ces copies naïves étaient plus savantes et
plus dans les lois de l'art vrai que les tableaux
qu'elles reproduisent. A un certain point de vue,
il avait raison. Je l'ai vu, chez nous, faire des
bouquets de fleurs, les arranger à sa guise et
les peindre hardiment et largement pour en
saisir les tons et en comprendre ce qu'il appelait
l'*architecture*. Cet homme du monde si fin, si

réservé, si porté à railler les artistes exubérants (les artistes *chevelus* d'alors), ne travaillait guère sans fièvre et sans expansion vibrante : « Ces fleurs me rendront fou, disait-il. Elles m'éblouissent, elle m'aveuglent. Je ne peux pas me décider à les éteindre, tant je suis amoureux de leur fraîcheur et de leur éclat. Il faut pourtant que j'en sacrifie les trois quarts pour les mettre à leur plan et faire sortir de la toile celles qui viennent à moi. » J'avais alors de nombreux échantillons de papiers peints, que je m'étais procurés pour les imiter en tapisserie. Il s'extasiait devant ces échantillons, devant ces bouquets, ces semis et ces guirlandes de fleurs d'un effet si puissant et d'un travail si sobre. « Ces gens-là sont nos maîtres, disait-il ; si j'avais à recommencer ma vie, j'irais à leur école ! »

Qu'il eût été heureux, notre ami, si le théâtre des marionnettes eût existé chez nous à cette époque ! Quels décors il nous eût faits ! Il ne cessait de dire à Maurice : « Peins à la colle, mon cher enfant, peins à la colle ! Il n'y a que cela de vrai. C'est de la peinture par A + B et c'est parce que nous avons perdu l'A + B de la peinture à l'huile, que le public patauge,

quand nous ne pataugeons pas nous-mêmes.
Nous ne savons plus faire d'élèves, et ce que
j'ai appris, moi, je ne peux pas te l'enseigner.
Je l'ai trouvé trop péniblement, et nous en
sommes tous là; il faut tout trouver soi-même,
tandis que les peintres en décors ont encore
des lois qu'ils se transmettent les uns aux autres, et ces lois-là, c'est le nécessaire, la chose
précisément qui nous manque, et sans laquelle
le génie ne nous sert de rien.» Maurice s'est
souvenu, et, quand, en se jouant, il a essayé de
distribuer de grands sites sur les divers plans
de ses petites toiles, il s'est aperçu de la difficulté et des ressources du procédé. Il s'est
trompé souvent avant de se rendre maître des
moyens et il a trouvé un extrême intérêt à
faire ce cours rétrospectif de peinture, en son-
geant aux paroles de notre illustre et cher ami,
si vraies parfois, si intéressantes toujours. Je
me les rappelais avec lui, en lui voyant faire
l'épreuve décisive de l'éclairage sur ses essais.
Nous avons prolongé des soirées bien avant
dans la nuit, lui travaillant dans son *castello* à
combiner ses quinquets, moi assise et jugeant
l'effet, à la distance nécessaire.

J'y prenais un vif plaisir. La métamorphose qui s'opère au feu combiné des rampes est surprenante, les tons semblent changer, les reliefs sortir, les profondeurs se creuser, les transparences s'opérer par magie. Je m'amusais tant à voir ces jolies toiles révéler leurs secrets et devenir forêts, monuments, eaux et montagnes, nageant dans un air factice qui donnait l'impression du chaud et du froid, que je priais parfois mon fils de me donner une représentation de décors. Il en a fait tout un magasin, et, comme, suivant la loi voulue, ils sont tous éclairés du même côté, il pouvait me composer des aspects nouveaux jusqu'à l'infini, en plaçant les diverses parties à leur plan, et mettant les ciels en harmonie avec le caractère général des sites. Je voyageais ainsi en rêve et j'y aurais passé ma vie, car, à l'âge où je suis maintenant, le plus agréable des voyages est celui qu'on peut faire dans un fauteuil.

Sans doute, le théâtre de Nohant, peint, machiné, sculpté, éclairé, composé et récité par Maurice tout seul, offre un ensemble et une homogénéité qu'on réaliserait difficilement ailleurs et qui n'a certainement pas encore son pendant au monde. Mais la construction et l'organisation de ces sortes de spectacles n'en est pas moins la plus réalisable des fantaisies d'artiste, car on peut s'y employer à plusieurs. Il nous importait d'établir le fait palpable que nous avons vu se produire : c'est qu'un artiste tout seul peut donner un spectacle complet, même celui d'une féerie à *grand spectacle*, à plus grand spectacle que celui de nos grands théâtres, puisque nous pouvons y introduire la foule à son vrai plan, grâce aux personnages de taille graduée [1]. En se bornant à la comédie et aux saynètes, on peut encore, sans beaucoup de peine, donner de très-jolies soirées ; les marionnettes de M. Lemercier de Neuville ont, m'a-t-on dit, beaucoup de finesse et d'esprit ; il ne tiendrait qu'à lui de donner plus de développement aux moyens matériels que nous venons

1. Certainement, à l'Opéra et aux théâtres de féerie, on se préoccupe de cette gradation, puisqu'on place, aux second et troisième plans des grands décors, des figurants femmes et enfants ; il est rare que l'effet de cette figuration soit heureux. Les personnages vivants, si petits qu'on les choisisse, sont toujours trop grands pour la distance où l'on est forcé de les mettre. Ils écrasent le décor et détruisent l'idée de profondeur et de transparence.

d'indiquer et de les mettre à la portée de tout artiste ou amateur doué comme lui de talent et d'invention.

La musique peut concourir au succès des représentations des marionnettes. On se rappelle que Haydn écrivit et fit exécuter plusieurs opérettes pour les marionnettes du prince Esterhazy. Quand on a un orchestre ou seulement un instrument à son service, la féerie ou le drame prennent un vol plus élevé. Nous avons souvent de délicieuses improvisations ou réminiscences bien adaptées par un charmant violon de nos amis. Quand nous ne l'avons pas, une boîte de Genève, un orgue de barbarie, une flûte harmonica font le nécessaire dans les pièces franchement bouffonnes ; l'ouverture de mirlitons, avec cymbales et tambours, est d'autant plus désopilante et de meilleure préparation au rire, que chacun joue un air différent en charivari. Certaines pièces, pantomime ou ballet, ne peuvent se passer de musique. Maurice a fabriqué une douzaine de personnages classiques que nous appelons la troupe italienne et qui fonctionnent d'après un système de son invention, Arlequin, Pierrot, Cassandre, Scapin, Polichinelle, Colombine, etc.

Ce sont des marionnettes à jambes et à corps
complet qui marchent, remuent les bras, s'as-
soient, dansent et prennent toute sorte d'attitudes gracieuses ou plaisantes sans fils ni ressorts. Elles agissent comme les guignols ordinaires au moyen de la main de l'*opérant* cachée
sous leurs vêtements. Mais son bras qui serait
vu du public est masqué par de légères balustrades placées à différents plans et figurant les
terrasses d'un jardin à l'italienne. Les personnages se meuvent le long de ces balustrades, les
enjambent, s'y mettent à cheval, s'y couchent ou
dansent en les effleurant, de manière que
cette mince découpure se trouve entre la partie
inférieure de leurs corps et le bras qui les
conduit. C'est un très-joli spectacle, applicable
seulement à un genre spécial dont l'esprit
est surtout dans les jambes et les poses des acteurs. On peut s'en servir dans les intermèdes
ainsi que des saltimbanques et des équilibristes
à ressorts mus en dessous.

Mais le véritable esprit des marionnettes est
comme le nôtre, dans la tête, et le système des
supports permet à celles qui n'ont point de jambes de se montrer aux deux tiers et d'étaler le

luxe de leurs costumes : ce qui reste caché de leur stature, gêne si peu l'œil du spectateur, qu'on croit les voir entières et que certaines personnes ne s'aperçoivent nullement qu'elles n'ont ni pieds ni jambes. D'autres se lèvent pour voir le terrain où elles sont censées marcher.

Et maintenant que nous avons dit minutieusement comment ce divertissement ingénieux est réalisable, voyons un peu quelle est la moralité, la philosophie, si l'on veut, de la chose.

Nous vivons dans une époque ennuyeuse et triste. Au lendemain de nos grands malheurs publics, nous nous agitons dans la lutte des partis, beaucoup trop préoccupés de nos intérêts particuliers ou de nos théories personnelles. Nous passons les trois quarts de notre vie à essayer de savoir comment nous vivrons le lendemain, sous quel régime et dans quelles conditions. La politique nous rend véritablement assommants, surtout au fond des provinces, où l'on parle d'autant plus que la sphère d'action est plus étroite : paroles perdues, prévisions inutiles, craintes chimériques, espérances vaines, théories incomplètes ou fausses, problèmes insolubles et toujours mal posés, sotte importance de la plupart

de ceux qui parlent, crédulité funeste de la plupart
de ceux qui écoutent, temps gaspillé sans résultat, voilà la vie intellectuelle de cette époque
troublée d'où la sagesse de l'avenir se dégagera
quand même, nous l'espérons bien, et nous l'espérons même sérieusement aujourd'hui ! Mais
combien nous marcherions plus vite vers la solution, si nous nous occupions dix fois moins
de la définir chacun à notre point de vue ! Sans
doute la conversation à son heure et en son
lieu est intéressante et profitable. On comprend
une certaine dépense de temps pour se rensei-
gner et commenter les événements qui se succèdent, afin de les comprendre autant que possible. Mais comme il serait bon d'être sobre de
discussion et avare de dispute ! que d'assertions
fausses et de prédictions absurdes, que de vain
orgueil et de niaiseries oiseuses on s'épargnerait !
Que de bonnes lectures et de sages réflexions
on porterait au profit de sa cause ! Rien ne s'ar-
rangera plus en ce monde que par la raison et
l'équité, la patience, le savoir, le dévouement et
la modestie. On dit qu'autrefois l'esprit français était charmant, et on se demande pourquoi
la conversation est devenue chez nous un pugi-

lat. L'esprit de jadis était trop léger sans doute, puisque l'art du causeur était d'effleurer sans approfondir, mais l'esprit d'aujourd'hui est tombé dans l'excès contraire. Il est lourd comme le pas de l'éléphant ou menaçant comme celui du cheval de bataille. Tout ce que l'on évitait autrefois pour maintenir la bonne harmonie, on se le jette à la tête à présent avec une âpreté grossière. C'est que nous sommes une race d'artistes, et que, quand notre cerveau n'est pas rempli de la recherche d'un idéal, beau ou joli, gai ou dramatique, il s'emballe dans le noir, l'incongru, le bête ou le laid. Voilà pourquoi je prêche le plaisir aux gens de ma race; oui, le plaisir; tous les hommes y ont droit et tous les hommes en ont besoin : le plaisir honnête, désintéressé en ce sens qu'il doit être une communion des intelligences; le plaisir vrai avec son sens naïf et sympathique, son modeste enseignement caché sous le rire ou la fantaisie. Toutes les autres occupations utiles de l'esprit sont plus sérieuses et s'appellent étude, recherche, travail, production. Les grands divertissements publics sont émouvants ou fatigants. L'amusement proprement dit est pour chacun de nous un joli petit idéal à chercher et à réaliser au coin de son feu, à la place du jeu où l'on s'étiole et de la causerie où l'on se dispute quand on ne dit pas du mal de tous ses amis. Trouvons autre chose pour nos enfants, n'importe quoi, des comédies, des charades, des lectures plaisantes et douces, des marionnettes, des récits, des contes, tout ce que vous voudrez, mais quelque chose qui nous enlève à nos passions, à nos intérêts matériels, à nos rancunes, à ces tristes haines de famille qu'on appelle questions politiques, religieuses et philosophiques, et qui ne devraient jamais être abordées légèrement, ni traitées sans compétence suffisante.

LA LAITIÈRE ET LE POT AU LAIT

SAYNÈTE

PERSONNAGES

PERRETTE.   M. CROCHARD.
PIERROT [1].   MADELON.

Dans la salle à manger de M. Crochard, à la campagne; porte
au fond donnant sur une cuisine; porte à droite allant chez
M. Crochard. Cheminée à gauche; une table avec un couvert.

SCÈNE PREMIÈRE.

MADELON, puis PERRETTE.

MADELON.

De la crème sans lait et du lait sans eau!
aux environs de Paris! suis-je sorcière, moi,
suis-je fée pour trouver ça? — Ah! tiens, voilà
Perrette; peut-être... Bonjour, Perrette! comment ça va-t-il, Perrette?

1. En costume de domestique villageois, ou en pierrot
de la Comédie, au choix.

11

PERRETTE, avec un pot au lait sur la tête.

Ça va bien; et vous, madame Madelon?

MADELON.

Oh! moi, je ne suis pas madame et ne le serai jamais.

PERRETTE, posant son pot au lait sur la table.

Bah! qui sait? un bourgeois peut bien épouser sa gouvernante, ça s'est vu!

MADELON.

J'ai affaire à un maître trop difficile à contenter. Un gourmand... ça n'est pas un mal, un cordon bleu aime à être apprécié; mais celui-là, s'il a de bons moments, il a encore plus de caprices: il demande des choses impossibles, et, avec ça, monsieur ne veut pas payer le prix des choses. Il épluche les notes, faut voir!

PERRETTE.

Il est chiche. Je sais ça, mais je croyais que, pour sa bouche, il ne se refusait rien.

MADELON.

Pas grand'chose; mais il est méfiant et dit qu'il ne veut pas être volé. Par exemple, il prétend que toutes les laitières du pays sont des empoisonneuses.

PERRETTE.

Dame ! il y a du vrai !

MADELON.

Mais toi, Perrette, tu es une honnête fille, tu ne voudrais pas...?

PERRETTE.

Moi, je n'empoisonne pas mon lait; mais quelquefois, dame ! il le faut bien, j'allonge la sauce avec de l'eau; ça n'est pas malsain, on a tant de pratiques à contenter !

MADELON.

Mais ça ne les contente pas ! Monsieur dit que sa crème est du lait, et que son lait n'est que de l'eau. J'ai beau lui dire que c'est la faute des herbes du pays, qui sont fades, il ne se paie d'aucune raison. Voilà huit laitières que nous faisons ! Mais toi, Perrette, si tu voulais y mettre de la bonne foi, tu aurais la pratique.

PERRETTE.

Et je ne serais pas payée plus cher que les autres?

MADELON.

Si fait ! j'y mettrais du mien pour contenter monsieur, sauf à me rattraper sur autre chose:

PERRETTE.

Combien donneriez-vous?

MADELON.

Pour aujourd'hui, tout ce que tu voudras. Je n'ai pas le temps de marchander. Monsieur va demander son café; si je pouvais le servir à son gré, il serait aimable pendant huit jours et je pourrais lui demander tout ce que je voudrais!

PERRETTE, à part.

Ah! oui-da! (Haut.) Je ne peux pas vous contenter aujourd'hui, Madelon. (Montrant son pot.) Toutes mes vaches sont tirées et tout ce lait-là est baptisé. Puisqu'il s'y connaît... mais demain...

MADELON.

Ah! bien, oui, demain! voilà déjà neuf heures! Dans une demi-heure, il va sonner. Il faut que je coure chez la Claudine; je lui ferai tirer sa vache devant moi et je paierai ce qu'elle voudra. Adieu, Perrette. (Appelant.) Pierrot! Pierrot!.. (Elle va à la porte de la cuisine.) Pierrot! m'entendstu? (Regardant dans la cuisine.) Personne! le drôle est sorti! Juste au moment où j'ai besoin de lui pour garder la maison.

PERRETTE.

Vous allez le trouver par là en sortant.
Allez, allez, Madelon, je reste jusqu'à ce qu'il
revienne.

MADELON.

Ah! bien, merci, Perrette, tu me rends service.
Mais, si monsieur sonnait,... n'y va pas, tu m'entends! Envoie-lui Pierrot.

PERRETTE.

Il est donc...?

MADELON.

Oui, oui, très-entreprenant.

PERRETTE.

A son âge!

MADELON, qui a pris son panier dans la cuisine.

Oui, oui! c'est comme ça!

Elle sort.

SCÈNE DEUXIÈME.

PERRETTE, puis PIERROT.

PERRETTE.

Quelle bonne idée j'ai eue! et comme le
hasard m'a bien servi! Faut dire aussi que
j'ai bien manœuvré ça! Tiens, voilà Pierrot.

PIERROT, venant de l'intérieur.

Ah! ma Perrette!

Il veut l'embrasser.

PERRETTE.

Non, c'est trop tôt! Notre mariage n'est pas si décidé que ça!

PIERROT.

Ah! mon Dieu! qu'est-ce qu'il y a donc?

PERRETTE.

Il y a que mon pauvre père ne peut pas me marier sans un sou.

PIERROT.

Qu'est-ce que ça me fait?

PERRETTE.

Ça me fait, à moi. Je ne peux pas m'établir comme une malheureuse, sans un brin de toilette et sans une seule vache. M. Crochard, ton maître, menace de tout faire saisir chez nous, parce que nous lui devons mille écus. Il ne veut plus attendre, l'usurier, et il fera vendre notre bétail aux enchères. Comme ça, nous serons ruinés.

PIERROT.

Ah! le vilain homme, le mauvais cœur!

Il pleure.

PERRETTE.

Voyons, ne te désole pas! J'ai eu une idée qui peut nous sauver. Mais il faut que tu m'aides.

PIERROT.

Tout de suite, voyons.

PERRETTE.

Fais-moi avoir une entrevue, tête à tête, avec ton maître.

PIERROT.

Tête à tête... une... quoi?

PERRETTE.

Une entrevue, une conversation.

PIERROT.

J'ai bien compris; j'en serai?

PERRETTE.

Non, ce ne serait plus un tête-à-tête.

PIERROT.

Tu as donc des secrets que je ne sais pas?

PERRETTE.

Non, mais... il est libertin, tu sais?

PIERROT, soupirant.

Oh! oui!

PERRETTE.

C'est un vieux fat, affreux, qui veut faire croire à ses bonnes fortunes. Avec lui, pour peu qu'on se défende, on ne court pas grand risque, je sais cela par la petite Charlotte, qui a tenté l'épreuve et qui s'en est bien tirée. Elle l'a gifflé en douceur et sans bruit; sans bruit, remarque bien! Ton maître lui a remis les intérêts de sa dette, et, comme elle lui a laissé espérer qu'elle serait plus gentille une autre fois, elle espère se faire exempter de la dette entière. Tu vois, c'est bien simple.

PIERROT.

C'est bien simple, c'est bien simple!... pas tant que ça, peut-être !

PERRETTE.

Ce sera tout simple avec moi, car j'ai plus d'un moyen de séduction... Tiens! regarde ce pot, c'est pure crème, tout ce qu'il y a de plus frais, de plus moelleux, une vraie fleur !

PIERROT.

Ah! voyons !

Il touche le pot.

PERRETTE .

Laisse ça, ce n'est pas pour ton bec! Figure-toi que justement la Madelon en cherche partout; elle n'en trouvera pas, et moi, je tiens mon gourmand...

PIERROT.

Par le bec ! c'est ça !

PERRETTE.

Tu comprends, avec cette friandise, quelques
jolies paroles...

PIERROT.

Des paroles ?

PERRETTE.

Quelques doux regards au besoin ?...

PIERROT.

Des regards ?

PERRETTE.

Il n'en faudra guère, va ! la crème est si
bonne !

PIERROT.

Elle est donc bien bonne ? Laisse-moi goûter
pour voir !

Il veut boire à même le pot.

PERRETTE.

Prends une tasse au moins ! Tu as peut-être
mangé de l'oignon, tu ferais tourner...

PIERROT, apportant une tasse.

Je n'ai rien mangé encore, et j'ai grand soif !

PERRETTE, lui versant un peu de crème.

Oh ! je ne t'en donnerai guère !

11.

PIERROT.

Rien qu'une goutte ! (Il l'avale.) C'est comme tu dis, une vraie fleur ! un sirop de toutes les herbes des prés !

Il veut s'en verser encore.

PERRETTE.

C'est assez, gourmand ! Tu es donc gourmand aussi, toi?

PIERROT.

Oh non ! Mais, quand je pense que tout cela a passé par tes jolis doigts ! — Tiens ! ils sont tout froids. Tu es glacée, ma Perrette ! chauffe-toi donc !

Il met du bois dans la cheminée.

PERRETTE, à la cheminée.

Sais-tu, Pierrot, que, si je réussis à attendrir l'usurier, nous en aurons aussi, nous, du bon feu, dans notre petite maison, et du bon temps quelquefois? pourquoi non?

PIERROT, qui est retourné auprès du pot au lait.

Pourquoi non? Certainement! Mais...

Il se verse de la crème.

PERRETTE, sans le voir.

Mais quoi? nous avons à nous deux pour dix mille francs de terres et de bétail. Tu es bon jardinier et je m'entends à soigner les bêtes.

PIERROT, qui a avalé la tasse pleine.

Les bêtes ! les bêtes ! est-ce pour moi que tu dis ça ?

PERRETTE, se retournant.

Quelle idée ! Viens donc te chauffer aussi. On dirait que tu es contrarié ?

PIERROT, s'approchant, et parlant le dos à la cheminée pendant qu'elle est assise devant le feu.

Non, mais je pense...

PERRETTE.

A quoi ?

PIERROT.

La crème est bonne : je pense moi, sais-tu Perrette ? je pense que ça suffirait.

Il retourne à la table.

PERRETTE.

Tu te trompes, il faut que je plaise à ton patron.

PIERROT.

Ah ! oui ! tu veux lui plaire ! (A part.) Eh bien, alors...

Il boit une seconde tasse de crème et s'essuie du revers de sa manche dès que Perrette le regarde.

PERRETTE.

Dis donc, Pierrot, sais-tu une chose, toi ?

PIERROT, inquiet, regardant le pot au lait.

Tu t'imagines... ?

PERRETTE.

J'en suis sûre, tu es jaloux !

PIERROT.

Ah ! dame ! je ne dis pas ! si...

PERRETTE.

Si... si je te trompais, n'est-ce pas ? Je n'appelle pas cela être jaloux. Tu serais dans ton droit de me mépriser et de me battre. J'appelle jaloux un ingrat, un injuste, un fou, qui se méfie d'une honnête femme et qui, pour un mot, un regard, une apparence, un rien, l'accuse d'être infidèle et la tyrannise. Je t'avertis, Pierrot, que, si tu es comme ça, je ne serai jamais ta femme.

PIERROT, allant à elle.

Jamais ma femme ? qu'est-ce que tu dis là ?

PERRETTE.

Oui, oui, je vois bien que tu as du souci parce que je veux parler à M. Crochard.

PIERROT.

Mais non, mais non, Perrette ! ça m'est égal va ! Je sais bien que !... seulement je trouve que... c'est à cause des choses que...

PERRETTE.

Que, que, que... t'expliqueras-tu ?

PIERROT, à part.

Je ne saurai pas dire...   (Versant de la crème dans la tasse.) Allons ! pour me donner du courage !

Il avale.

PERRETTE.

Parleras-tu, à la fin ?

PIERROT, revenant à elle.

Voilà ce que c'est, Perrette : quand on aime, on est jaloux de tout. Je suppose que mon patron te regarde... comme je te regarde à présent, comme ça, tiens ! qu'il examine ton joli menton, ta jolie bouche...

PERRETTE.

Eh bien, c'est ce qu'il faut !

PIERROT.

D'accord ! mais, s'il a envie de tâter ta main douce, comme ça... de la baiser, comme ça ! et de regarder de plus près tes beaux yeux, comme je fais à présent:

PERRETTE.

Après ?

PIERROT.

Après, après... s'il lui prend envie... ça lui viendra bien sûr, de baiser tes beaux cheveux, comme ça, et ton front blanc, comme ça, et puis...,

PERRETTE.

En voilà assez. A l'idée de ces hardiesses-là, je sens pousser mes ongles pour le griffer.

PIERROT.

Bien ! Mais, si tu griffes, il sera furieux, parce que ça se verra, et il ne pourra pas faire croire que tu as été aimable avec lui. Donc, tu n'obtiendras rien, à moins de lui laisser prendre quelques baisers, et tu n'as pas ce droit-là. Tu es ma promise, et je te veux avec toute ta dot d'agréments et de primeurs. Tes mains, tes yeux, ton front, tes joues, tout cela est à moi et je n'en veux pas céder l'étrenne au patron, tu m'entends? Je ne veux pas !

PERRETTE.

Et si je veux, moi, qu'est-ce que tu feras?

PIERROT.

J'en mourrai de chagrin, et tu seras bien avancée !

PERRETTE.

Ne meurs pas et ne sois pas si simple. Comment peux-tu croire...? Voyons, faut-il te jurer qu'il ne me touchera pas seulement le bout du doigt? Je m'en tirerai par des promesses.

PIERROT.

Eh bien, voilà ce qui est plus mauvais que
tout. Tu ne peux pas promettre ce que tu m'as
promis.

PERRETTE.

Mais songe donc! Pas de mariage sans ça. Au
lieu que, avec du temps, en deux ou trois ans,
nous serions quittes. Oui, je t'en réponds, avec
mes œufs, mes fruits, mon laitage, je te jure que
nous paierons les mille écus sans nous gêner.
Mon père m'a dit que, si je voulais me charger
de la dette, il me donnerait son plus beau pré
avec la petite maison. Elle n'est pas grande,
c'est vrai, mais tu bâtiras à coté une étable pour
trois vaches, un appentis pour le cochon gras et
les poules; avec ça, nous aurons la maison à
nous seuls. Elle n'est pas jolie, nous planterons
une vigne, une belle vigne pour l'enguirlander,
et des rosiers pour qu'il y sente bon... (Elle s'est
approchée de Pierrot pour lui parler, et s'interrompt tout à coup
en entendant remuer au-dessus.) Ah! mon Dieu, voilà
ton maître qui est levé! Est-ce qu'il va venir?

PIERROT.

Sans doute! aussitôt éveillé, il crie la faim!

Il ne faut pas qu'il te trouve ici. Emporte tes sabots et va-t'en dans la cuisine.

PERRETTE.

Tu vas lui demander de me recevoir?

PIERROT.

Oui, va! dépêche-toi!

PERRETTE.

Je ne trouve pas mon autre sabot! (Elle cherche dans la cheminée.)

PIERROT, à part.

Elle y tient, à le voir. Eh bien, moi, je n'y tiens pas... Attends, attends! (Il avale lestement le reste de la crème et verse la carafe dans le pot au lait. — A Perrette.) Eh bien, va donc! il sera de mauvaise humeur s'il te trouve ici...

PERRETTE.

C'est mon sabot... le voilà...

M. Crochard paraît.

PIERROT, à part.

Trop tard !

SCÈNE III.

CROCHARD, LES MÊMES.

CROCHARD, sans voir Perrette, qui est à la cheminée.
il va vers la table.

Eh bien, ce premier déjeuner, où est-il ? Où est Madelon ? Réponds donc, animal ! Es-tu sourd ? dors-tu encore à l'heure qu'il est, paresseux ? Va chercher mon café.

PIERROT.

Oh ! oui, monsieur, merci de vos bontés, j'ai très-bien dormi.

CROCHARD.

Est-il devenu fou ? (il voit Perrette.) Ah ! oui-da ! Je surprends monsieur en bonne fortune... avec Perrette ! (A part.) Un beau brin de fille ! (Haut.) C'est donc pour ça, petite, que Pierrot perd la tête et réponds de travers ?

PERRETTE.

Pardon, excuse, monsieur Crochard, je le tourmentais pour qu'il me procurât le plaisir de vous voir.

CROCHARD.

Et il ne voulait pas? (A part.) Je comprends ça! (Haut.) Je vais le renvoyer et tu me conteras tes petites affaires. (A Pierrot.) Va-t'en dire à Madelon que je ne prends pas de café ce matin, qu'elle me fasse une tasse de chocolat. Allons, réveille-toi, obéis.

Il le secoue et le pousse vers la cuisine.

PIERROT, effrayé.

Voilà, monsieur, j'y vas!

Il sort, mais il reste derrière la porte et montre sa tête de temps en temps.

CROCHARD.

Je devine ce que tu me veux, poulette!

PERRETTE, à part.

Poulette? (Haut.) Je m'appelle Perrette, monsieur Crochard, c'est moi la fille au grand Jacques à qui vous avez prêté dans le temps.

CROCHARD.

Je sais ton nom, je sais tout ça, ton père ne veut pas payer.

PERRETTE, tristement.

Il ne peut pas, monsieur!

CROCHARD.

Vas-tu pleurnicher? Non, je t'en prie! Ça

enlaidit, les larmes, et une fille qui n'a que sa beauté doit toujours sourire. Voyons, souris-moi un peu et ne baisse pas tes yeux si tu veux que j'en voie la couleur! Souris-moi donc!

PERRETTE, à part.

Je ne peux pas. (S'efforçant pour prendre un air riant.) Monsieur, pardonnez-moi... j'ai peur de vous!

CROCHARD.

On peut m'apprivoiser, c'est ton affaire! Tu ne dis plus rien, es-tu si sotte que cela?

Pierrot passe sa tête, et montre le poing à Crochard sans qu'il le voie.

PERRETTE.

Que voulez-vous que je vous dise, monsieur Crochard? mon pauvre père...

CROCHARD.

Laisse là ton père, parle de toi!

PERRETTE.

Eh bien, moi,... je serai bien à plaindre si vous ne voulez pas me faire crédit, car c'est moi et Pierrot qui allons être vos débiteurs.

CROCHARD.

Tu épouses cet âne de Pierrot?

PERRETTE.

Pierrot n'est pas un âne, monsieur Crochard!

c'est un bon et brave garçon que j'aime et qui vous paiera bien, si vous voulez attendre encore deux ans, trois tout au plus !

Même jeu de Pierrot, qui, sans être vu, envoie un baiser à Porrette.

CROCHARD.

Pas une semaine, pas un jour. Tu te maries, tu prendras sur ta dot. Tu aimes Pierrot? Tant mieux pour toi. Mille écus pour avoir ce beau mari, ce n'est pas trop cher! Ton père verra les huissiers aujourd'hui.

PERRETTE, à part.

Vieux monstre, va !

CROCHARD.

Tu dis...?

PERRETTE.

Je dis que vous me ferez peut-être grâce quand vous aurez goûté ma crème.

CROCHARD.

Ah! tu as de la crème? de la vraie?

PERRETTE.

Goûtez, monsieur, et, si vous n'êtes pas trop méchant, vous en aurez de la même tous les jours.

CROCHARD.

Voyons d'abord. Oh! c'est qu'on ne me

trompe pas, moi! Mais quelqu'un l'a déjà goû-
tée! on a bu dans ma tasse! Est-ce ce polisson
de Pierrot?

PIERROT, paraissant.

Monsieur?

CROCHARD.

Je ne t'appelle pas.

PIERROT.

Monsieur a demandé une tasse?

Il va en chercher une au buffet.

CROCHARD, à part.

Le drôle écoute aux portes et la petite me
tend un piége. (A Pierrot qui lui présente une tasse.) Qui
a bu dans ma tasse?

PIERROT.

Moi, monsieur. Vous dites que le lait du pays
est empoisonné. Mon devoir était de ne pas vous
en laisser boire une goutte sans avoir fait
l'épreuve sur moi-même. Je peux vous répondre de celui-ci, monsieur. Goûtez, goûtez!

CROCHARD goûte la crème.— En colère.

C'est de l'eau, et de l'eau claire! Ah! on se
moque de moi?

Il veut jeter le reste de la tasse à Perrette; il se ravise et le
lance au nez de Pierrot, qui fait semblant de pleurer.

PIERROT.

Oh! la la! oh! la la! (A part.) Ça va bien, il est furieux!

CROCHARD, le poussant dehors et fermant la porte au verrou.

Toi, je te chasse et je te retiendrai sur ton compte tout le mobilier que tu m'as usé et toute la vaisselle que tu m'as cassée! (A Perrette.) Quant à vous, la belle, vous ne sortirez pas d'ici sans m'avoir payé votre malice.

PERRETTE, ramassant son sabot, qu'elle n'a pas eu le temps de remettre.

N'approchez pas, ou je cogne!

CROCHARD.

Elle le ferait comme elle le dit! Voyons, Perrette, es-tu folle? qu'espères-tu de moi avec ces manières-là?

PERRETTE.

Rien, je n'espère plus rien! j'étais venue avec l'espérance de vous attendrir.

CROCHARD.

On peut toujours m'attendrir. Promets-moi...

PERRETTE.

Rien, vous dis-je! j'ai eu une mauvaise idée; le bon Dieu m'en punit.

CROCHARD.

Quelle idée avais-tu? Elle était peut-être bonne?

PERRETTE.

Non! elle était indigne de moi! je voulais faire la coquette avec vous, j'avais ouï dire... c'était mal, je n'ai pas pu seulement vous faire un sourire.

CROCHARD.

Donne-moi un baiser, je te tiens quitte du sourire!

Pierrot paraît à la porte de droite, armé d'un manche à balai.

PERRETTE.

Et de la dette?

CROCHARD.

Et de tout, si...

PERRETTE.

Assez! vous êtes un vieux coquin, laid, bête et méchant! N'avez-vous pas de honte de ruiner le pauvre monde? Ah! vous faites le brave homme, vous, et il y a des gens qui croient que vous rendez des services! Ah! vous voulez être conseiller municipal, vous faites même le généreux quand on vous regarde! Vous diriez volontiers que vous avez fait grâce à beaucoup de débiteurs. Je me le suis laissé dire aussi, à moi;

mais je vois comment vous agissez! vous prêtez aux maris et aux pères, avec l'espoir de perdre et d'avilir leurs femmes et leurs filles? Eh bien, je vous le dis, vous êtes un infâme et je vous méprise!

CROCHARD.

Sotte fille! (A part.) Elle me fera du tort, il faut... (Haut.) Oui, tu es une sotte, Perrette! une prude qui monte sur ses grands chevaux et qui fait d'une plaisanterie une grosse affaire. La preuve que je ne te faisais pas de conditions, c'est que je consens à ce que tu désires, et que je ne prétends pas à ta reconnaissance. Je te donnerai du temps, mais tu paieras l'intérêt?

PERRETTE.

En argent, oui, monsieur!

CROCHARD.

Est-ce que je te demande autre chose? Tu n'es pas déjà si belle! (A part.) Si, elle est belle, mais l'argent est plus beau que tout. (Il va pour sortir à droite et trouve Pierrot sur le seuil.) Eh bien, qu'est-ce que tu fais là, toi?

PIERROT, grattant le plancher avec le bout de son manche à balai.

Je balayais votre escalier, monsieur, je balaie!

CROCHARD, à part.

Il m'aurait bien balayé les côtes! Allons, soyons généreux! (Haut, à Perrette.) Je te donne quatre ans et j'augmente l'intérêt tous les ans.

PERRETTE.

Soit, monsieur.

Il sort.

SCÈNE QUATRIÈME.

PERRETTE, PIERROT.

PIERROT.

Eh bien?

PERRETTE.

Peu importe l'intérêt, c'est du temps qu'il nous fallait.

PIERROT.

Et la crème? que veux-tu! elle était trop bonne pour ce vieux gueux.

PERRETTE.

Comment! c'est toi...? Eh bien, tu m'as rendu un grand service, Pierrot! tu m'as avertie et protégée. Sans toi, je me serais peut-être décidée à lui sourire, et, rien que pour ce sourire-là, j'aurais été honteuse devant toi et en colère contre moi tout le reste de ma vie!

MÉLANGES

A PROPOS

DE LA *NOUVELLE LETTRE DE JUNIUS*

A ***

J'ai lu tout d'un trait la *Nouvelle Lettre de Junius*. Me suis-je trompée? C'est Dumas fils qui a pris, n'est-ce pas, le pseudonyme de Junius pour nous donner une des plus intéressantes pages de notre histoire courante? Sous cette forme saisissante qui enchaîne, charme et persuade, tout le monde reconnaîtra comme moi, j'en suis sûre, l'esprit chercheur et sérieux dont le progrès a été si rapide et si frappant. Je vous remercie de m'avoir communiqué ce travail des plus intéressants, où l'auteur, — élève certainement de celui que je crois reconnaître, s'il n'est celui-là même, — a cherché dans la nature physique des personnages qui, de part et d'autre, ont allumé la guerre entre l'Allemagne et la France, les causes de la lutte funeste. Il a donc étudié leur physionomie, leur tempérament, leurs passions, leurs instincts, toutes ces fatalités qui nous ont conduits à la fatalité de la guerre.

C'est un point de vue qui, pour n'être qu'à moitié vrai, n'en est pas moins vrai. Tout homme qui pense peut facilement le compléter : compléter n'est pas contredire. L'Américain Emerson, qui est aussi, dans son pays, un des écrivains les plus brillants et les plus goûtés, a dit, il y déjà longtemps, cette autre moitié du vrai, en se proposant de prouver que les hommes historiques ne sont que le résultat, l'expression, pour ainsi dire, des tendances, des passions, des instincts, du tempérament des majorités de leur époque. Plus leur rôle est important et effectif, plus ils représentent les majorités. Ils en sont le produit tout autant que le moteur, c'est-à-dire qu'ils n'en sont le moteur qu'à la condition d'en être le produit, et, quand ils cessent d'être moteurs, c'est parce que les majorités, lassées, ont produit d'autres types qui les remplacent.

On voit que cela est vrai, mais à moitié vrai
seulement, surtout pour cette longue histoire du
passé, où le droit divin a occupé dans les esprits la place que tient aujourd'hui la notion
de liberté traduite par l'institution du suffrage
universel. Il n'y a de vérité complète que quand
on peut lui trouver un lien logique avec son inévitable antithèse. Si Napoléon Ier a réussi à
remuer le monde, c'est bien parce qu'il a re-
présenté, durant une phase de ses triomphes,
les besoins d'une lutte extérieure et d'ordre intérieur de la France en face de l'étranger au
lendemain de la Révolution, son effroi des dis-
cordes civiles, ses aspirations guerrières, sa soif
de gloire, ses tendances à la vanité, en un mot
ses petitesses et ses grandeurs. C'est bien la
France lassée et transformée qui a abandonné
le conquérant épuisé qui l'épuisait à son tour.
Mais ce n'est pas elle qui a rappelé et inauguré
le règne des Bourbons, lequel ne sera jamais,
dans l'histoire, qu'une intrigue de parti, une
surprise de la conquête étrangère. Rien de plus
antipathique aux aspirations et aux besoins de
la France ne pouvait se produire à cette époque. Pourtant, les Bourbons ont duré autant

que Napoléon; ils ont réussi autant que lui, à leur manière; ils ont maintenu l'état de paix comme il avait maintenu l'état de guerre, et la France, qui avait voulu la guerre, était forcée de vouloir la paix. Mais subir la nécessité n'est pas faire acte de vitalité. Les hommes historiques ne sont donc pas toujours une incarnation irresponsable et inconsciente de la vie des peuples, et, pour concilier cette thèse avec la thèse contraire, qui fait dépendre la vie et l'action des peuples des tendances et des besoins de ceux qui les mènent ou les poussent, il faut reconnaître qu'il y a échange incessant d'action et de réaction entre les individus et les masses. C'est une conclusion banale, à force d'être simple et prouvée dans l'ordre matériel et dans l'ordre moral, aussi loin que la connaissance humaine peut s'étendre. C'est pourquoi Michelet a raison, en attribuant à des secrets d'alcôve la plupart des événements historiques de la royauté aux derniers siècles. C'est pourquoi aussi l'auteur de la *Nouvelle Lettre de Junius* peut avoir raison, en faisant, de la haine de la reine Augusta pour l'impératrice Eugénie une des causes de la guerre de 1870. Mais ils auraient tort, s'ils y voyaient des causes uniques, sans lien avec l'influence des masses, et, comme ce serait là une erreur où ils ne tombent point systématiquement, la moitié de vérité qu'ils s'attachent à mettre en lumière conserve sa valeur et son autorité.

Voilà une bien lourde appréciation de cette lumineuse *Lettre de Junius;* mais on a si peu le temps de se recueillir, on est si fiévreusement impressionnable en ce terrible moment de notre histoire, qu'il faut peut-être aller au-devant des critiques prime-sautiers; et puis il n'est pas inutile, en traversant de pareilles crises, de se retremper le plus modestement du monde dans les notions élémentaires du bon sens, pour apprécier les lueurs ou les éclairs de vérité qui traversent nos sombres horizons.

Cela posé, voyons comment le nouveau Junius procède pour définir l'action des hommes historiques.

Il les observe d'abord au point de vue physiologique, et, s'étant bien rendu compte de leur tempérament, de leurs lignes d'ensemble et de leurs traits de détail, il énonce le genre de fatalité qu'ils doivent subir pour devenir anges ou démons. C'est un procédé déjà éprouvé et auquel l'illustre Lavater a su donner un grand développement. Des études subséquentes ont encore mieux précisé les progrès de ce procédé. Le nouveau Junius y a apporté, à son tour, sa lumière d'intuition, son tact personnel et ses déductions, qui, présentées avec un talent rare, donnent à son analyse une vitalité d'art et de réalité extraordinaire.

Mais là ne se borne pas l'importance de son étude. Il n'a pas voulu seulement amuser l'auditoire, il a voulu l'éclairer, et, passant de l'appréciation des hommes qui agissent à celle des hommes qui subissent ; après le portrait des rois, des princes et des ministres, il trace celui des nations ; il étudie aussi leurs tempéraments et leurs besoins. Là, le cadre s'élargit, le sentiment s'élève de la critique à l'émotion. Le patriotisme, qui semblait comme engourdi sous le calme de l'observation, trouve une issue et jette de ces grands cris que l'Europe entend et que l'histoire enregistre.

Le philosophe, qui est au fond de tout artiste de réelle valeur, reparaît aussi dans les conclusions de Junius ; il jette sur l'histoire de nos fu-

tures destinées un coup d'œil ardent qui n'en est
pas moins lucide ; il voit, il signale à l'horizon
la voile blanche du salut de l'humanité.

Depuis qu'il a écrit ces pages émues, il s'est
passé des événements qui semblent donner un
cruel démenti à l'optimisme des vrais voyants.
Eh bien, ces événements ne prouvent qu'une
chose : c'est que la science sociale a un grand
effort et un grand travail à faire pour rendre
toutes les classes de la Société solidaires de son
progrès et intéressées à l'essor de la civilisation.
Une très-petite portion du prolétariat, oui, très-
petite, quoi qu'on en dise, a cru trouver du
bénéfice dans la destruction ; elle a payé chère-
ment une erreur grossière, d'abord en tombant
dans l'ivresse criminelle qui devait en être la
conséquence, ensuite en se heurtant à la répro-
bation de l'immense majorité du peuple de
France. Ainsi, cette minorité, égarée, a fatalement perdu l'estime d'elle-même et la sympathie
des autres. C'est une leçon terrible qui profitera
à tout le monde et démontrera une fois de plus
la nécessité de rendre accessible le but de toutes
les aspirations. En forçant l'homme à s'instruire,
on le contraindra à se faire une idée de ce qu'il

y a d'indestructible dans les lois du mécanisme social. Ceux d'en haut comme ceux d'en bas ont besoin que la notion soit bien définie et qu'elle pénètre dans toutes les intelligences. Le pauvre a tout à apprendre; mais le riche ne sait pas tout, et il est en train d'apprendre beaucoup de choses très-graves qu'il sera forcé, par l'inexorable logique, de traduire en actes de législation et en faits de sacrifices patriotiques.

Ceci sera l'œuvre du temps. Le temps est un grand législateur; mais il faut le suivre, l'aider, le pressentir, au besoin le pousser. Si nous le voulons bien tous, si nous ne nous arrêtons pas aux chimères, ici le retour au passé, là l'anticipation sur l'avenir, la prédiction de cet éloquent Junius se verra réalisée, et la France, après les grandes douleurs de l'enfantement, après les grandes épreuves de l'initiation, aura la joie des grandes créations et la gloire des vrais triomphes.

Août 1871.

LA FLORE DE VICHY[1]

Nous devons tous de la reconnaissance à
M. Pascal Jourdan pour ses recherches bota-
niques en France et en Afrique. Les habitants
de Vichy, comme ceux de la province d'Alger,
lui en doivent une très-grande et très-sérieuse
pour les heureux résultats de ses travaux de
garde-mines et d'ingénieur civil; mais ils doivent
aussi aimer en lui l'ami de la nature qui crée
pour les touristes et les buveurs d'eau thermale
des plaisirs sûrs et durables. La vogue des
villes d'eau est souvent une affaire de mode.
Vichy a peu à craindre de ce côté-là, surtout
depuis que le rendement de ses précieuses sour-

1. Par Pascal Jourdan.

ces a été centuplé; mais une localité si célèbre ne doit pas mettre toute sa gloire dans l'argent que lui apporte une nombreuse clientèle. Elle doit souhaiter d'être un petit foyer de lumières, et nous avons tort de dire *petit*, rien n'est petit dans cet ordre d'efforts. Elle doit se garder des mauvais moyens d'attirer la foule, laisser aux pays dont l'action curative est douteuse l'attraction funeste des jeux de hasard. Vichy doit demander aux sciences et aux arts l'affection et la fidélité de ses visiteurs.

Voici un livre dont l'éditeur doit être encouragé et l'auteur remercié, car il rentre dans ce mouvement civilisateur qui honore une ville et une province. Ce livre est un appel et un stimulant à l'étude poétique et positive de la nature; on voit qu'il a été fait avec amour, avec passion même, puisqu'il a pu être fait sans préjudice des travaux simultanés d'utilité publique que l'auteur, géologue et mineur praticien, a su mener à bien.

Cet aimable travail est remarquable surtout en ce qu'il est dominé par une idée neuve qui doit s'imposer désormais à nos idées sur la distribution géologique et géographique des végétaux. Il s'agit de déterminer l'habitat des plantes diverses et de s'en rendre raison sans invoquer le hasard qui n'explique rien, ou la prodigalité des ressources fécondatrices, prodigalité merveilleuse il est vrai, mais nullement miraculeuse, puisque la logique préside toujours à ses opérations.

M. Pascal Jourdan n'a pas la prétention de s'être occupé le premier des causes de cette détermination naturelle; mais, comme elle est encore bien imparfaitement signalée et que les travaux en ce genre sont loin d'être complets, rien n'est plus utile que d'entrer dans cette voie d'examen et de choisir un espace délimité pour l'approfondir. Tout amateur peut devenir utile à la science et faire de véritables découvertes, en observant ainsi les habitudes, les stations, les déplacements ou les installations motivées des végétaux connus.

Nohant, 1er juillet 1872.

MES CAMPAGNES [1]

Au risque d'effaroucher un peu une modestie bien réelle et bien sérieuse, je dirai tout ce que je sais de l'auteur de ce récit. Je le dois. Qui donc parlerait au public de cette âme exception- nelle qui se cache et s'ignore ? Il faut l'avoir guettée ou découverte.

Elle est la fille d'un homme de grand mérite que mes contemporains n'ont pas oublié, mais que je ne veux pas perdre l'occasion de rappeler aux personnes d'aujourd'hui qui n'ont fait que lire l'histoire de la génération d'hier. Je lais- serai parler mademoiselle Flaugergues, à qui j'ai demandé de résumer en peu de lignes l'histoire de son père.

1. Par Pauline Flaugergues.

« Né, en 1759, à Saint-Cyprien, près Rodez, d'une famille ancienne et honorable, Pierre-François Flaugergues montra de bonne heure une intelligence pénétrante et juste. Il avait déjà obtenu quelques succès brillants au barreau lorsque la Révolution éclata. Il en adopta les principes, mais avec l'esprit d'équité généreuse qui formait la base de son caractère. En 90, nommé, en vertu d'une dispense d'âge, président de l'administration de son département, il fit constamment usage de son autorité pour protéger ceux que leur position entourait de plus de périls. Lorsque la Révolution se fit terroriste, sa générosité devint crime, il fut dénoncé par l'ex-capucin Chabot et traduit devant le tribunal révolutionnaire. Des voix courageuses s'élevèrent, et le décret fut rapporté. Deux ans plus tard, après la mort de Louis XVI, M. Flaugergues condamna hautement et sans crainte le tragique événement; il eut le rare courage de porter le deuil et fut mis hors la loi. Il dut rester caché dans son pays natal. C'est une contrée montueuse, coupée de ravines et de gorges profondes. C'est là qu'il vécut onze mois, couchant à la belle étoile, refusant l'hospitalité des amis qu'il ne voulait pas compromettre. Tous les habitants du pays l'aimaient, aucun ne le trahit. Une sorte de télégraphie l'avertissait chaque jour de la direction prise par les gendarmes envoyés à sa poursuite. C'étaient des hardes de telle ou telle couleur que des villageoises avaient soin de suspendre, comme pour les faire sécher, aux fenêtres ou aux arbres.

» Un jour, le proscrit, voyant les militaires qui le poursuivaient entrer dans une rivière qu'ils croyaient pouvoir passer à gué, se hâta de sortir de sa cachette pour leur crier qu'ils allaient se noyer. Il se cacha de nouveau après leur avoir sauvé la vie.

» Sous le Directoire, M. Flaugergues découvrit, dans les propriétés de son père, une mine d'alun, et fit un voyage en Belgique pour étudier l'exploitation de ce minéral. Les lois contre les émigrés étaient encore en vigueur. Arrêté à Liége, il fut traduit devant un conseil de guerre avec deux autres Français qui lui étaient inconnus. Le premier appelé devant les juges fut condamné et presque immédiatement fusillé. Le second était Flaugergues. Il se défendit avec talent, avec la chaleur de la vérité, et prouva

que son voyage n'avait qu'un but scientifique.
Le troisième accusé se jeta tout ému dans ses
bras en le priant de plaider sa cause. Il en
obtint l'autorisation, le défendit et le sauva. Ce
fut un véritable triomphe, qui lui fit beaucoup
d'amis.

» Sous l'Empire, il accepta la sous-préfecture
de Villefranche, où régnaient de fortes dissensions
politiques et religieuses, et où, par son caractère
ferme et conciliant, il sut prévenir de grands
malheurs.

» Le choix *unanime* de ses administrés le
porta, en 1812, à la députation. Il fut le premier qui osa élever la voix dans cette assemblée
muette. Il répondit au duc de Massa qui lui re-
prochait l'*inconstitutionnalité* d'une de ses pro-
positions : « Il n'y a d'inconstitutionnel ici que
vous, qui venez présider une Assemblée où
vous n'avez même pas le droit de siéger. » Le 22
décembre 1813, une commission extraordinaire
fut enfin nommée pour prendre communication
du portefeuille du ministère des relations extérieures. Cette commission était composée de cinq
membres, MM. Lainé, Flaugergues, Raynouard,
Maine-Biran et Gallais. On n'a pas oublié le

rapport qui fut le résultat de cette communication et les vérités hardies qu'il contenait.

» Nommé encore député en 1814, M. Flaugergues siégea au côté gauche de la Chambre. Il s'y distingua par l'indépendance de ses opinions et par un rare talent d'improvisation. Son éloquent rapport sur la Cour de cassation eut un grand retentissement et contribua puissamment au maintien de cette importante institution.

» En 1815, il eut, après M. Lanjuinais, le plus de voix pour la présidence et occupa souvent le fauteuil comme vice-président.

» Appelé plus tard au conseil d'État comme maître des requêtes, il trouva là encore l'occasion de rendre d'éminents services à son pays.

» Il fut enlevé à sa famille en 1836. Il avait épousé mademoiselle de Patris, qui mourut charmante et regrettée à l'âge de quatre-vingt-cinq ans. »

Je ne me reconnais pas le droit de faire la biographie de mademoiselle Flaugergues. Je ne sais de son passé qu'une chose, c'est qu'elle n'a rien à cacher. Je l'ai vue une seule fois, auprès

d'un ami malade [1] qui me dit d'elle tout bas
et pour toute présentation :

— Voilà ma sainte, mon ange gardien.

C'était en 1850, elle me parut être déjà d'un
certain âge ; elle était petite, mince et vêtue presque comme une religieuse, une robe noire, un
bonnet blanc. Elle leva les yeux vers moi et je ne
vis plus que ses yeux, deux étoiles au feu clair et
pénétrant, deux lumières de bonté angélique
avec ce fond d'énergie tenace qui caractérise les
désintéressements absolus. Je sentis qu'il y avait
là un être à part, entouré de je ne sais quel
mystère qu'on aimait à respecter.

Ce respect instinctif qu'elle inspire est tel
que, ayant eu souvent l'occasion de lui écrire, je
n'ai jamais osé l'interroger sur quoi que ce soit.
J'ai lu et relu pourtant, avec une curiosité atten-
drie, un livre de poésies en deux parties qui
résume sa vie et qui est intitulé modestement
les Bruyères. C'est avec ce livre que je puis sans
indiscrétion, puisqu'il a été publié en 1854,
recomposer l'histoire de cette âme étrange, profonde et, pour ainsi dire, surhumaine.

1. Henri de Latouche.

Dès l'âge de dix ans, le goût de la poésie se
manifeste chez l'enfant débile de corps, forte
d'esprit. A douze ans, mourante, elle disait:

. . . . . . Prends mes jours purs encore.
Heureux l'enfant pieux qui s'endort au Seigneur,
Et la vierge expirant à sa première aurore,
Comme un lis moissonné dans sa pure blancheur.

Ce culte de la mort commence à l'envahir,
sorte d'ascétisme maladif, où elle puisera son
originalité et sa grandeur.

Dans ce temps où la poésie s'exprimait sous le
symbole classique de *la lyre*, et où les personnes
modestes disaient encore *le luth*, mademoiselle
Flaugergues cultiva sans doute l'instrument
sacré qui lui a été révélé de si bonne heure ;
mais ce sont des études qu'elle cache. En 1836,
elle est transportée à Lisbonne ; c'est l'année de
la mort de son père. Sans doute, il n'a laissé
aucune fortune. Elle est séparée de sa mère, de
son frère Paul. A-t-elle d'autres parents? Pourquoi est-elle ainsi exilée ? Probablement elle
cherche dans le travail des moyens d'existence.
Peut-être a-t-elle songé à se faire religieuse. Quoi
qu'il en soit, elle est triste, au point de ne rien

admirer autour d'elle ; elle désire la mort ; elle écrit du couvent de Bélem :

Qu'importe que toujours le ciel brille en ces lieux ?
Qu'au feu d'un soleil pur chaque saison s'allume ?
Pour l'âme qu'à toute heure un long chagrin consume,
Tout est froid, tout est mort, tout est silencieux.

. . . .

Moi, je sens que je touche au terme du voyage ;
Quelques douleurs encor, puis la paix du cercueil.
Ne me plains pas ; longtemps sur moi gronda l'orage.
Mieux vaut dormir au port que trembler sur l'écueil.

. . . .

Eh quoi ! vivre et mourir sans révéler mon âme !
De ma pensée ardente éteindre le flambeau !

. . . .

Un jour, elle demande à la poésie une consolation toute-puissante et rêve la gloire. Puis, tout aussitôt, soit dédain, soit découragement, soit qu'elle se sente faite pour aimer les autres plus qu'elle-même, elle repousse cette bouffée d'ambition.

Fille du ciel, brillante poésie . . . .
Enlève-moi sur ton aile de feu ! . . . .

. . . .

Ah ! qu'ai-je dit et qu'osé-je prétendre ?
Disparaissez, désirs présomptueux.

. . . .

Je chante, hélas ! comme l'onde murmure
Sans but, sans art, sans espoir, sans désirs

La nostalgie est pour beaucoup dans ce dégoût
de l'avenir.

> « Vois ! c'est le Tage,
> Ont dit les matelots,
>   Un doux rivage
> Enserre ses doux flots.
> O fille de la lyre
> Que ce beau lieu t'inspire. »
>   — Hélas ! je dis :
> « Je rêve à mon pays!»

Pourtant, cette âme brisée se ranime :

Ah ! j'avais ce long mal que rien ne peut décrire,
Ce besoin incessant des lieux où l'on n'est pas.
. . . .

Ce long mal de l'exil, indicible martyre,
Et cet ennui fatal, je le cachais à tous,
Et ma bouche mourante essayait de sourire,
Et nul ne me disait: « Vous souffrez, qu'avez-vous ?»
Hélas ! pas un ami ! Mais au Dieu qui console
Je contai ma douleur . . . .
. . . .

Ma voix se ranima pour chanter la nature,
Et mon cœur pour bénir le Dieu de l'univers,
Et j'aime maintenant à laisser sur l'arène
La trace de mes pas . . . .
. . . .

Terre des orangers, beau fleuve, et toi, Lisbonne,
Qu'il presse avec amour de ses flots azurés;
De ces bords enchantés, gracieuse couronne,
Collines, sombres tours, temples, palais dorés,

Frais jardins, oliviers au vert mélancolique,
Port sublime, astres purs, tremblantes fleurs des cieux ;
Laissez-moi m'enivrer de votre aspect magique,
Rafraîchissez mon cœur et consolez mes yeux.

La corde poétique résonne encore, mais le cœur n'est pas guéri :

Mon cœur peut un instant s'enivrer de tes charmes,
Mais non se détacher de son premier séjour ;
Mon rapide sourire est noyé dans mes larmes,
On n'a qu'une patrie, une mère, un amour !

Le détachement de la vie se tourne de plus en plus vers l'aspiration mystique :

     ..... L'onde immortelle et pure
Qui seule peut un jour amortir ma blessure...
. . . .
Elle ne coule point en ces terrestres lieux ;
Fais-la jaillir, mon Dieu, pour l'âme que dévore
Ce désir d'un bonheur qui n'est point ici-bas,
Toujours, partout, sans fin, mon cœur navré t'implore ;
Il souffre et te bénit, ne le rejette pas.

Ces vers sont de l'époque romantique ; s'ils n'en ont pas précisément la forme, ils en ont le sentiment. A cette époque, tous les poëtes étaient brisés, mourants, désespérés. Avec la mode, leur mal a passé. Ici, nous avons affaire à une per-

sonnalité très-forte, qui ne dit rien qu'elle ne
sente profondément, et qui n'acceptera plus la
vie que sous la forme d'un dévouement exclusif
ou d'un renoncement absolu. Un jour viendra
où une passion d'outre-tombe accordera et con-
fondra ces deux modes d'existence.

Il semble pourtant qu'en Portugal elle ait
compté sur quelque résultat matériel de ses études
poétiques et que l'espoir de son retour soit attaché à un triomphe littéraire.

..... Car, me dit-on, le sort qui, dans sa main, me brise,
A mes vers, à mes pleurs, doit un jour s'adoucir.

  .   .   .   .

Car il faut que je chante et que ma voix plaintive,
Amollisse les cœurs que glace un dur oubli,
..... O rameau du poëte, ô palme glorieuse,
Quand pourrai-je aborder la plage où tu fleuris !
Saint rameau, ne fuis plus ma main victorieuse,
Abrite au sol natal mes jours longtemps proscrits !
Gémis, voix de mon cœur, espoir de ma tristesse,
        Lyre où palpitent mes douleurs,
Jouet de mon enfance, amour de ma jeunesse,
        Rends une patrie à mes pleurs !

Les circonstances extérieures sont-elles deve-
nues plus favorables, ou la nostalgie a-t-elle fait
de tels progrès que le retour soit jugé nécessaire ? Elle part à bord de *l'Ibérie*. Une tempête

furieuse bat le navire. Elle la contemple et l'admire. La vague menace de l'emporter. Elle se fait attacher sur le pont (d'autres l'ont raconté), et, là, elle compose des vers où le secret de son intrépidité se révèle.

Oui, de jours et d'ennuis, j'en ai trop, Dieu terrible !
Ce lourd fardeau, longtemps faudra-t-il le porter ?
. . . .
Comme un nid balancé sur la branche du saule,
Et qu'un enfant folâtre en arrache en ses jeux,
Tombe et, jouet des vents, roule, fuit et s'envole
Sur le torrent rapide aux tourbillons neigeux,
Telle, au gré des autans, sur la vague infidèle,
Sans qu'aucun astre ami protége son retour,
Errante et loin du port flotte l'arche si frêle
Où, pauvre oiseau, je chante et gémis tour à tour.
..... Si ma prière, hélas ! ne doit être exaucée,
France si, loin de toi, je dois vivre et mourir,
Près de ce mât tremblant par la vague bercée,
De mon dernier sommeil si je dois m'endormir,
Si, sur moi, dès ce jour, cette onde courroucée
          Doit rouler et mugir,
Ou, sur l'écueil désert, par la vague lancée,
Si ma cendre oubliée à jamais doit languir,
Eh bien, qu'il soit ainsi, qu'importe !...
. . . .

Enfin, elle touche le port, elle revoit la France, elle est de retour à Rodez en 1840. Je crois qu'elle fait d'autres voyages, car elle chante un

beau lac qui pourrait être un lac suisse ; elle
paraît de plus en plus tournée vers l'exaltation
religieuse et le désenchantement des choses de
ce monde.

Non, désert populeux, monde stérile et vain,
Limon que j'ai foulé, tu n'es point ma patrie.
. . . .
Laissez-moi rejeter, proie informe et livide,
Cette argile importune, au sépulcre altéré.
. . . .
      Périssable soleil, adieu !
Sur ce globe où tu luis, j'ai souffert solitaire,
Mais d'un autre soleil j'entrevois la splendeur.
      Et mon âme est loin de la terre
      Qu'effleure mon pied voyageur.

Il semble qu'elle songe à prendre le voile.
Qui l'a retenue dans la vie ? Je perds tout à fait
sa trace, car, entre le premier livre de vers et
le second qui complète le volume, il s'est fait un
changement capital, soit le passage de beaucoup
d'années, soit une révolution intérieure décisive.
Elle n'aspire plus à se fondre en Dieu avant
l'heure ; elle ne parle presque plus d'elle-même,
on dirait qu'elle a dépouillé sa personnalité. Au
monologue ascétique a succédé le dialogue tendre. Elle a épuisé la phase du renoncement,

elle est entrée dans celle du dévouement. Peut-être aime-t-elle la vie pour la faire aimer à quelqu'un qu'elle aime.

Oui, elle aime enfin, et avec passion. C'est quand elle touche à la vieillesse, et que rien ne peut plus troubler l'état de sainteté où elle est parvenue, qu'elle s'éprend avec une chaste ardeur d'un mourant. Tout est étrange dans cette femme, mais rien n'est ridicule, car tout est naïf et grand. C'est lorsqu'elle a renoncé à la gloire qu'elle arrive au génie; c'est lorsqu'elle ne chante plus que pour distraire un malade, qu'elle trouve en elle une voix pénétrante et souple. La nature qu'elle a vue dans ses grands aspects et qu'elle a peinte à grands traits lui révèle la suavité variée de ses détails.

Elle n'a plus besoin des grands lacs et du vaste ensemble des mers et des montagnes pour élever son âme et se perdre dans cette personnification de l'infini qui rendait son *luth* un peu monocorde. Elle regarde à ses pieds et, comme pour amuser et distraire son ami, elle ramasse des fleurs et des gouttes de rosée sur les feuilles. Sa voix s'est embellie en devenant charmante. Son ami est poëte aussi. La poésie

a remplacé chez lui la critique et consolé ses
dernières années. Mais il a conservé malgré lui
l'esprit critique. Il décrit tandis qu'elle chante,
et, sous ce rapport (je voudrais qu'elle ne lût
pas ceci, elle s'en fâchera), elle est bien supérieure à lui. Il faut bien dire ce que l'on pense,
ou ne rien dire du tout.

Mais il avait une puissance bien à lui, la personne était supérieure en lui à l'écrivain. Il
avait le don de la parole. Sa pensée, qui se re-
froidissait dans le vers écrit, s'exprimait vivante
et ornée de mille grâces dans la causerie intime.
Autant il avait de verve dans la raillerie et de
mordante amertume dans le blâme, autant il
avait de suavité et de séduction dans l'effusion
de l'amitié. Pour tous ceux qui l'ont connu,
l'ascendant qu'à la veille de mourir il exerça sur
cette fille austère se comprend parfaitement. Elle
a écrit pour lui et à lui ses meilleures pensées.
Dans le commencement de leur liaison, elle a
peut-être tâché de le convertir au mépris de la vie.

Vous souffrez ! Cependant, ranimant la nature,
Le printemps a souri. Les bois ont des concerts,
Il est aux rochers creux, sous la feuillée obscure,
Des abris pour l'oiseau, des échos pour les vers.

— Vous souffrez ! et pourtant dans la vallée ombreuse,
Vous avez un asile, un modeste foyer.
Qui vous fête le soir, une retraite heureuse,
Un toit calme où l'on voit la fumée ondoyer.

. . . .

Vers ce toit brun s'élance en longs festons le lierre ;
Le jasmin étoilé jette, frêle espalier,
Au mur qu'il réjouit sa grâce printanière ;
La fenêtre en s'ouvrant froisse un jeune églantier.
— Le soleil renaissant dore le clair vitrage,
Et des senteurs d'avril les airs sont enivrés.
La rose au buisson vert, le ramier sous l'ombrage,
            Tout chante, et vous souffrez !

. . . .

C'est qu'ailleurs est le but, le pôle qui l'attire,
Que lui-même il s'abuse en cherchant ici-bas
Un bonheur imparfait qui ne peut lui suffire,
Ou l'absolu bonheur que l'on n'y trouve pas !

. . . .

Cette première tentative dut échouer ; ce fut,
je crois, la dernière. Il était volontiers spiritua-
liste, mais résolûment anticlérical. Il appartenait à l'école révolutionnaire, tandis qu'elle,
libérale en principe, plutôt *fraternelle* que répu-
blicaine, patriote ardente et sincère, elle appartenait par droit de naissance à l'école girondine.
Le catholicisme ne faisait pas nécessairement
partie de son bagage, mais il était sans doute
nécessaire à un état particulier de son esprit. Je

ne sache pas que ces deux amis aient discuté leurs croyances, ni qu'il ait été imposé silence à ce premier essai de prosélytisme.

Je crois qu'elle n'insista que faiblement et que la femme l'emporta vite sur l'apôtre. Tout orthodoxe qu'elle pouvait être, elle n'était pas née pour faire une convertisseuse. Elle n'était pas de ces êtres froids et dogmatiques qui, en voyant souffrir et s'éteindre l'objet de leurs soins, le persécutent du fanatisme de leur zèle. Elle était véritablement aimante, et aimante avant tout. Elle vit qu'il regrettait la vie ; elle n'essaya pas de lui prouver que la vie n'est pas regrettable. Elle comprit que c'eût été l'irriter sans le convaincre. Ce dont il avait besoin, c'était d'être plaint, elle le plaignit. Il lui fallait une compagnie de tous les instants, elle fut cette compagne sans repos et sans lassitude. Il avait des impatiences de malade, il lui fallait trouver une patience à toute épreuve, elle eut cette patience-là.

Ce fut d'abord une hôtesse régulière, mais intermittente. Elle allait, je crois, passer les hivers dans le Midi. Dans une pièce intitulée *Adieu d'une hirondelle,* elle lui dit :

Je la quitte à regret, poëte,
Ton avenante maisonnette
Où j'ai trouvé tant doux abri.
Mais, vois-tu, l'automne embrumée
Nous chasse, et déjà la fumée
Voile ton toit longtemps fleuri.
Un autre climat me rappelle;
Aux vouloirs du bon Dieu fidèle,
J'arrive et je pars tous les ans;
Car, moi, je suis sa ménagère,
Et je vais, sibylle légère,
Ailleurs annoncer le printemps.

. . . .

Mon hôte à la voix tendre et pure,
Adieu! Sous ton ardoise obscure,
Mon nid six mois me pleurera,
Mais, aux jours bleus, rouvrant son aile,
Sûre de sa route, et fidèle,
La voyageuse reviendra.

Mais le mal augmente, le solitaire ne quitte plus son ermitage. L'hirondelle, c'est ainsi que je l'ai vue, vêtue de noir et de blanc, s'installe au chevet de celui qui ne dort plus. Elle le promène doucement ; il semble qu'elle ait détourné ou arrêté les progrès du mal, car les deux amis ont encore ces innocentes occupations qui rappellent ce qu'il y eut de pur et de vrai aux *Charmettes*.

Quand le printemps, enfant folâtre,
Rend à nos bois leurs habits verts;

Nous allons, bien qu'épris de l'âtre,
Par les sentiers demi-couverts.

. . . .

L'automne, en sa gaîté vermeille,
Orne de fruits les espaliers.
Nous allons vendanger la treille,
Joyeux comme des écoliers.

. . . .

Que nous veut décembre et sa glace ?
Les sombres jours sont clairs pour nous.
Lorsqu'à ma main ta main s'enlace,
Ami, que le foyer m'est doux !
Des jeunes rêves d'un autre âge
Ton amour vient combler l'espoir,
Et, grâce à toi, de mon voyage,
L'heure la plus belle est le soir.

Il y a donc eu encore de beaux jours, des heures de bonheur et d'oubli dans cette longue agonie ? Une nouvelle absence forcée rend l'affection plus vive, presque passionnée.

Vous êtes triste, et loin de vous je pleure,
Ami, je compte un siècle dans chaque heure.
Mes yeux rêveurs cherchent votre regard,
Mon âme en deuil, une part d'elle-même.

. . . .

Mais vous souffrez ! mais votre absente amie,
Sans les calmer, gémit de vos douleurs.
Ses yeux, que brûle une ardente insomnie,
Suivent en vain, dans la vallée en fleurs,

Tes pas lassés. Ah ! que son bras fidèle
S'enlace au tien ! Réchauffe sous ton aile
Ce bras frileux. . . . .
Prends cet appui dont tu seras le guide.

Voici un très-beau sonnet qui est comme le *Nunc dimittis* de l'âme renouvelée :

Sous les tiédeurs d'avril s'épanouit la rose,
Un soleil plus ardent mûrit l'or des sillons,
Et l'astre fécondant garde de chauds rayons
Pour colorer les fruits dont l'automne dispose.

Même au foyer frileux, quand le soir nous veillons,
Quand, le front ceint de neige, accourt l'hiver morose,
Qu'on ne voit plus au ciel oiseaux ni papillons,
S'il survit une fleur pâle et tardive éclose,

C'est que le Radieux, en sa fuite arrêté,
Pour cette enfant débile a voulu luire encore,
Et d'un dernier regard lui fit signe d'éclore.

Ainsi, dans son printemps, dans l'hiver redouté,
Tout beau jour, toute joie accordée à la femme,
Naissent à ton aspect, amour, soleil de l'âme.

Par une matinée de mai 1849, elle est heureuse encore, car elle espère ; elle a déjà parlé de *six ans déjà passés* près de son ami.

... A l'horizon des bois, le jour renaît serein.
Espérons ! constamment le ciel n'est pas d'airain.
Aujourd'hui guérira les douleurs de la veille.
Allons revoir, ami, la forêt qui s'éveille.

La pièce suivante est de mai 1851. La douce muse est-elle restée muette pendant deux ans? Quand elle se réveille, elle est seule. C'est le 27 février 1851 que Henri Delatouche est mort. Il l'a bénie, il l'a appelée « sa mère et sa fille et sa sœur ». Il lui a légué son ermitage et tout ce qu'il contenait. Elle va vivre là silencieuse et calme, car tout lui rappelle celui qu'elle a tant aimé.

Je suis seule partout hors de ce cher asile,
Où sans effroi je passe et mes nuits et mes jours,
Car, pour me protéger contre tout être hostile,
Quelque chose de lui sur moi plane toujours.
En vain, au sombre appel de la cloche vibrante,
Ils me l'ont pris gisant sous le plomb du cercueil;
En vain, environné d'une foule pleurante,
De son doux ermitage il a franchi le seuil;
Il n'est pas tout entier là-bas, sous cette pierre.
Il est ici. . . . .
Il me l'avait promis à cette heure suprême
Où l'âme voit au loin l'avenir dévoilé.
« Reste en ce lieu, dit-il, et, sous ce toit que j'aime,
Je reviendrai vers toi, pauvre cœur désolé. »
Et moi, me confiant en sa sainte promesse,
J'ai banni le sommeil de mon œil enflammé.
Toute la nuit je veille à genoux, et sans cesse
Je prie et je l'appelle, ô frère bien-aimé !

Ces vers font partie du second livre; mais, à mon sens, ils sont d'un troisième livre, d'une

nouvelle phase de cette existence insolite. Le
talent s'élève encore, il atteint son apogée quand
la douleur y arrive aussi. Car ce n'est pas
aux premiers jours de la séparation qu'elle s'est
révélée tout entière.

La délaissée a espéré mourir bientôt après
avoir tant veillé et tant pleuré. Mais la vie est
très-intense dans cette plante d'apparence fragile.
Plus elle oublie et brutalise sa santé, plus la vitalité
s'obstine. Elle s'aperçoit alors qu'elle est seule
pour jamais, et le regret tourne au désespoir.

Du fond de ma détresse, ô mon Dieu, je t'implore.
Mes yeux pour se fermer ont bien assez pleuré !
Tu m'as souvent frappée et j'ignorais encore
  Combien ton glaive est acéré.
Ma lèvre a sans murmure épuisé le calice
Que bien des fois ta main a rempli jusqu'au bord ;
Mais, ô Seigneur, Seigneur, pour ce dernier supplice,
  Non, mon cœur n'est pas assez fort !...

Non, je ne pensais pas d'une seule existence
Que la mort pût trancher seulement la moitié.
Je n'avais pas prévu l'implacable sentence,
  Et j'espérais en ta pitié !

 . . . .

Lui-même, hélas !...
En voyant mon espoir, il l'avait partagé.
Saisissant ma main froide, il crut tenir le câble
  Qu'on tend du bord au naufragé.

Et moi, je réchauffais la sienne sur ma bouche,
Et, confiante en toi, je t'implorais, mon Dieu !
J'inondais de mes pleurs le duvet de sa couche,
    Sans croire à ce lugubre adieu !
Son souffle était, hélas ! brisé par l'agonie,
Que l'espérance encor n'avait pas fui mon cœur,
Car j'avais toujours cru ta clémence infinie,
    O maître, et non pas ta rigueur.

. . . .

Ah ! ne me dites pas d'avoir force et courage :
Laissez-moi, laissez-moi, ne me consolez pas.

. . . .

Je perds tout, et je reste à gémir la dernière.
La nuit sombre a couvert mes jours purs et dorés.
Et mon front s'est meurtri contre la lourde pierre
Qui me cache un cœur tendre et des traits adorés.
Dans le jardin funèbre, ainsi qu'une âme en peine,
Je reste, je m'oublie et ne puis vivre ailleurs.
C'est là qu'à tout moment mon instinct me ramène.
Là de mes jours flétris s'écoulent les meilleurs.
J'habite chez les morts comme dans ma demeure.
Le sol bénit sait bien le poids de mes genoux.
Mes yeux se sont lassés depuis qu'ici je pleure.

. . . .

Les années se succèdent. En 1853, la douleur ne s'est point calmée.

A l'absence, dit-on, le temps nous accoutume.
Erreur ! le temps aigrit le mal qui me consume.
Chaque jour je te pleure avec plus d'amertume,
    Ami tant regretté !

Chaque jour plus avant ma blessure se creuse;
Dans mon âme la nuit se fait plus ténébreuse;
Ma plainte chaque jour jaillit plus douloureuse
            De mon cœur dévasté !

. . . .

Et si pour le revoir et pour l'entendre encore
Il faut qu'en longs soupirs tout mon cœur s'évapore
Et des ennuis rongeurs que la dent me dévore,
            Je le veux s'il le faut !
Il manquait un soleil à tes soleils sans nombre,
Et tu m'as pris celui qui dorait mon jour sombre,
Et j'erre maintenant dans l'espace et dans l'ombre
            Sans guide et sans flambeau.
Oh ! rends-moi mon fanal, mon trésor et mon guide ;
Phalène renaissant brisant ma chrysalide,
Laisse-moi m'élancer où mon soleil réside ;
            Par-delà le tombeau !

Nous voici en 1872, et cette désolation profonde
est devenue un état normal, nécessaire, comme
certaines maladies chroniques qui semblent devenir des causes conservatrices de la vie par le
contre-poids qu'elles apportent aux autres causes
de destruction. L'ennui qui consumait jadis
cette âme solitaire eût sans doute abrégé ses
jours. Du moment qu'elle a aimé, elle s'est re-
trempée dans la faculté de souffrir. La mort,
qui brise cruellement les liens du cœur, n'a rien
brisé pour elle. Elle aime autant aujourd'hui
qu'elle aimait il y a vingt ans. La vieillesse n'a

pas touché ce cœur, doué d'une puissance exceptionnelle, et ce n'est pas seulement un amour
mystique, c'est un amour réel et complet. Mademoiselle Flaugergues a enfermé le tombeau de
M. de Latouche dans une chapelle au cimetière de
Châtenay, et elle y demeure pour ainsi dire,
puisqu'elle y passe toutes ses journées et souvent
ses nuits. Elle y travaille, elle y médite, elle y
vit, seule, muette, enfermée. Pendant longtemps,
on l'a crue folle, et puis on s'est aperçu qu'elle
était tout aussi sensée, aimable, intelligente et
bonne que par le passé. Elle a conservé des
amis dévoués, des relations dignes d'elle. Elle
fait du bien, elle est aimée et respectée. Le
temps a prouvé qu'il est, dans l'ordre moral,
des forces qui ne s'usent point.

Pourtant un moment est venu où il lui a
fallu quitter ce tombeau adoré. Comment elle
en a été chassée par l'invasion et comment elle
l'a reconquis au péril de sa vie, à travers des
souffrances et des misères que nulle autre, à son
âge et avec sa frêle organisation, n'eût pu supporter, voilà le récit qu'on va lire. Il est écrit
en prose avec une simplicité et une candeur qui
m'ont profondément touchée, car c'est pour moi

qu'elle a bien voulu l'écrire. Ce récit méritait d'autant plus d'être publié qu'il est une des mille pages détachées de notre douloureuse histoire contemporaine. Il est, en même temps, le complément d'une biographie qui eût été admirablement faite par Sainte-Beuve et qu'on regrette de ne pas trouver dans l'inimitable galerie de ses portraits littéraires et philosophiques.

J'ai cru nécessaire à l'intelligence et à l'appréciation du récit que mademoiselle Flaugergues intitule *Mes Campagnes,* de la faire connaître autant qu'il m'a été possible. Tout le monde ne partagera pas ses croyances, et, moi-même, j'avoue que je n'entends pas comme elle le rôle de la Divinité ; mais, là où il y a un si beau caractère et un si beau talent à signaler, il faut accepter le point de vue où l'auteur se place. C'est une noble figure qui appartient au passé par ses idées, mais qui n'en est pas moins très-originale par ses sentiments et tout à fait digne de respect dans son archaïsme religieux et romantique. C'est une fille de Chateaubriand élevée par un girondin ; pieuse comme la reine Amélie qu'elle a beaucoup aimée, et finalement patriote énergique, vouée au culte d'un mort... qui était *radical !* Et toutes ces apparentes contradictions prennent leur source dans un besoin et dans une puissance d'aimer qui offre, je pense, très-peu d'exemples à l'heure où nous vivons.

Nohant, 15 juillet 1872.

L'OFFRANDE[1]

A MESSIEURS LES MEMBRES
DE LA SOCIÉTÉ DES GENS DE LETTRES

MES CHERS CONFRÈRES,

Rien ne m'est plus pénible que ce que vous me commandez. En prenant la plume pour vous obéir, car certes vous avez le droit d'exiger qu'on fasse pour nos réfugiés tout ce qu'il est possible de faire, je ne sais pas encore si je parviendrai à vous dire quelque chose d'utile et de bon.

Il est des douleurs dont ne se relèvent pas aisément certaines natures, et je suis de celles qui ont besoin d'espérance. Devant un désastre

1. Volume collectif publié par la Société des gens de lettres au profit de plusieurs Lorrains.

comme la perte de nos deux nobles et vail-
lantes sœurs, l'Alsace et la Lorraine, à quel espoir prochain se rattacher? Je ne sais pleurer
qu'en secret, car les preuves de découragement
sont funestes, la douleur est contagieuse ; il ne
faut la montrer que quand elle peut réveiller le
courage et rendre l'indignation féconde.

Que faire ici? Nos justes colères ne peuvent
qu'aggraver le sort de ceux que le devoir enchaîne encore au sol des provinces conquises.
Ceux-ci nous intéressent aussi profondément
que les héroïques émigrants à tout prix. Dirai-
je que leur situation morale me paraît encore
plus navrante? J'en sais qui ont subi l'horrible
nécessité de l'option allemande avec un véritable
héroïsme comme des martyrs dévoués volontairement au pire supplice. Je sais un pasteur
protestant[1], auteur de nombreuses publica-
tions où le plus pur sentiment religieux s'ex-
prime avec la simple et véritable éloquence du
cœur, père d'une nombreuse famille, entouré
du respect et de la tendresse de son église —
qui, au moment de partir, s'est sacrifié. Il est

1. M. Leblois, pasteur au temple neuf de Strasbourg.

resté pour soutenir et consoler ceux qui, ne
pouvant le suivre, l'ont retenu par leur cri
de douleur.

Et combien d'autres ont agi en ce sens! Quel
déchirement pour ceux qui restent! Toute famille brisée, tout foyer dégarni, toute intimité
rompue, toute étude locale abandonnée, tout
travail stérilisé! et le contact inévitable, incessant avec le vainqueur insolent, attristé ou aigri
lui-même et comme honteux au milieu de cette
désertion! J'ai vécu à Venise, à une époque où
nulle espérance de salut n'apparaissait encore.
Je me rappelle la morne tristesse de la cité dé-
chue. Hélas! ces jours de deuil commencent
pour nos frères.

Leur parlerons-nous de revanche? Il n'en faut
pas parler à cette heure de désolation. Le joug
qui courbe tant de nobles fronts serait rendu
plus lourd et plus serré par des mains brutales;
c'est presque en secret, dans le secret de nos
cœurs, qu'il nous faut rêver de meilleures destinées pour la France, aujourd'hui paralysée par
l'antagonisme des idées et l'ambition des partis
rétrogrades.

Vous voyez, je ne dis rien, je ne sais rien

dire. Mon cœur est comprimé dans un étau et
je ne veux pas qu'il éclate. Je cherche dans la
famille et dans l'étude l'aliment moral qui, seul,
soutient la vieillesse; mais, quand les spectres de
l'Alsace et de la Lorraine se dressent devant
moi, la nuit m'enveloppe et ma main n'écrit
plus. Dirai-je à ces victimes ce que je puis me
dire à moi-même, qui n'ai perdu ni mon toit, ni
mes enfants : « Contentez-vous de peu, regardez
la nature, vivez de l'affection de vos proches ? »
Eh ! mon Dieu, ils ont tout perdu, ces malheureux qui viennent se jeter dans nos bras, et,
devant leur infortune sans remède, tout bonheur
domestique, tout recueillement intime, toute
jouissance d'artiste nous paraissent illégitimes;
c'est comme une usurpation que notre destinée
a faite sur la leur, comme une meilleure part
que nous ne méritions pas, et ce pain qui nous
est resté nous semble amer.

Et, pendant que ces choses se passent, pendant que des populations entières fuient la flé-
trissure de l'étranger et que des centaines de
mille émigrants livrent leur existence au hasard,
sur la terre française, l'idée monarchique travaille à nous ôter la liberté sociale et politique,

sans laquelle nous ne recouvrerons jamais la liberté nationale pour nos frères brisés et pour nous-mêmes !

Je ne veux pas parler de cela non plus, je ne le dois pas ; votre livre est un appel à tous les cœurs, et, dans tous les partis, il y en a un grand nombre qui sont brisés, et qui veulent s'unir à nous pour offrir l'hospitalité du dévouement aux victimes de l'invasion.

Avril 1873.

CHARLES DUVERNET

Ce n'est pas sous le coup d'une douleur personnelle très-profonde qu'il m'est facile d'apprécier par écrit le vieil ami que je viens de perdre. Charles Robin-Duvernet, quoique plus jeune que moi de quelques années, avait été mon camarade d'enfance. Nous ne nous étions jamais perdus de vue, jamais refroidis, et son mariage, en me donnant une fille adoptive de plus, n'avait fait que resserrer les liens de notre amitié. Son père, après avoir été l'ami du mien, était resté celui de ma famille. L'affection des familles entre elles crée une fraternité véritable entre ceux qui sont destinés à les perpétuer.

Dès son plus jeune âge, Charles Duvernet montra des goûts d'artiste. C'est peu de chose quand on n'y porte pas le goût qui discerne le beau du médiocre. Disons donc vite qu'il était homme de goût par excellence, qu'il comprenait et aimait de passion la nature et les arts qui en sont l'expression idéalisée. Il était fou de musique, et j'ai vu de grands artistes aimer à se produire et à s'épancher devant lui, parce qu'ils sentaient là une intelligence pleine à la fois d'enthousiasme et de discernement.

Il avait la même pénétration et la même lumière en littérature et en philosophie; son commerce était donc substantiel autant qu'agréable.

Mais, avant tout, il était homme de bien et de dévouement. Dans sa conduite comme dans ses opinions politiques, il n'était préoccupé que de l'amélioration des esprits, et il a fait, pour répandre l'instruction, des efforts constants et ardents. Il avait des idées avancées jointes à une grande tolérance et à une douceur de relations qui le faisaient aimer et estimer de tous. Sa vieillesse, prématurément amenée par la cécité et par de graves maladies, fut surtout intéressante et respectable. Il supporta la *nuit profonde*, comme il appelait son infirmité, avec une résignation extraordinaire. C'est là que le grand fonds de philosophie religieuse et de bienveillante raison qu'il avait acquis vint à son secours et porta ses fruits. Jamais on ne l'avait connu aussi aimable, aussi sage et aussi enjoué. Cette héroïque gaieté fut une vertu réelle et une force souveraine. Elle fut un exemple de sérénité et de généreuse patience vivement senti et pieusement recueilli par tous ceux qui l'approchèrent. Disons aussi, pour l'enseignement de tous, que ses goûts et ses facultés d'artiste lui furent une immense ressource. Il se fit lire et dicta régulièrement plusieurs heures par jour. Il acquit ainsi une solide instruction et jugea son temps et le temps passé avec une sagesse lucide. Il dicta plusieurs ouvrages pleins d'observations justes et de réflexions saines, qui ne sont pas sans valeur et où règne une sensibilité vraie. Il est à remarquer que ses descriptions sont ce qu'il y a de plus exact et de plus vivant, et que, aidé d'une imagination pleine de logique et de comparaison intérieure, il a peint avec une fidélité charmante des sites et

des localités qu'il avait traversés sans les voir.
Il demandait à ceux qui l'accompagnaient :
« Qu'y a-t-il là devant nous ?... et à droite? et à
gauche? »

D'après la nature du terrain décrit par l'interlocuteur, il disait : « En ce cas, voici les
plantes qui croissent sur ce rocher, celles qui
sont au bord de la rivière, celles qui tapissent
les dépressions de la colline. » Et il ne se trompait pas. Il pouvait décrire et affirmer.

Il laisse dans nos cœurs un vide irrémédiable.
Ce pauvre cher aveugle était un centre, un lien.
Toujours attentif à faire oublier son malheur,
il vivait pour les autres et leur communiquait
sa vie. Jusqu'au moment où une faiblesse extrême a fermé ses lèvres, il ne les a ouvertes
que pour consoler ses proches, soutenir ses
amis et bénir sa famille.

Nohant, 3 novembre 1874.

SOUVENIR D'AUVERGNE

A M. ADOLPHE JOANNE.

Cher ami, je voudrais pouvoir ajouter, sinon un chapitre, du moins quelques lignes, aux trésors de souvenirs que vos fréquents voyages ont entassés dans votre mémoire. Cela ne m'est pas facile. Vous connaissez si bien la France, vous en avez si fidèlement retracé tous les aspects, qu'on ne peut vous rien apprendre, et rien apprendre aux autres après vous.

On ne peut vous raconter que des impressions personnelles, et vous les comprendrez d'autant mieux que vous connaissez les beaux endroits qui les font naitre. Quand ces impressions sont très-vives ou très-douces, ce n'est pas toujours en raison de l'étrangeté ou de la beauté des sites où l'on se trouve. Outre la disposition de l'esprit et du corps, il y a des moments particuliers, certaines nuances du ciel, certains bien-être mystérieux répandus dans l'atmosphère, certaines flambées de soleil, certains parfums de forêts ou de montagnes, qui nous rendent tout à coup enthousiastes et heureux, sans qu'on puisse, sans qu'on veuille s'en rendre compte, sinon par la réflexion, après coup. L'esprit amoureux de la nature n'en demande pas toujours beaucoup pour se dilater ou se délecter. Quant à moi, j'avoue être impressionnée par la lumière au point de lui appartenir absolument et d'être peu frappée des objets qu'elle ne dessine pas avec magnificence. Mon âme suit ses triomphes et ses langueurs avec une passivité qui me rend peut-être mauvais juge de ce qui n'est pas favorisé par elle.

J'ai été en Auvergne l'année dernière pour la troisième fois, à quinze ou vingt ans de distance. Quand, de chez nous (le Berry), on s'embarque pour une excursion, on est volontiers ambitieux ; on pense aux grandes Alpes ou aux Pyrénées, ou aux rivages de l'Océan, de la

Manche, de la Méditerranée. Aller en Auvergne, c'est si près! on y est rendu en quelques heures. Et c'est pour cela qu'on n'y va pas, c'est-à-dire qu'on n'y va pas assez. L'Auvergne, d'ailleurs, n'offre ni grandes fatigues, ni grands dangers, et, quand on a l'honneur de faire partie du Club alpin français, on croit peut-être qu'il est au-dessous de soi d'explorer un pays où tout le monde peut aller si facilement. Pourtant l'âge amène, sinon plus de modestie dans le cerveau, du moins plus de sagesse dans les jambes, et on retombe sur la charmante Auvergne avec le sentiment d'une ingratitude à réparer.

L'Auvergne n'est pas une petite Suisse, comme nous le disons quelquefois, pensant lui faire honneur. L'Auvergne est l'Auvergne, avec sa grande signification géologique comme Alpe centrale et puissant relief aux doux escaliers. On les gravit sans fatigue et sans vertige, sans songer à la conquête d'une région supérieure, mais avec l'intérêt de bonnes gens montant au faîte de leur maison pour contempler leur jardin. C'est que ce jardin, c'est la France, dont une si grande partie va se dérouler sous nos yeux, des sommets du vaste plateau central. Sur

15.

ces paisibles belvédères, nous serons au cœur de la patrie. Nous aurons sous les pieds ces vieux volcans qui nous ont fait émerger du sein des océans et qui nous montrent les traces de leurs formidables vomissements. Leurs puissants massifs sont comme les assises de notre existence même. Les grandes chaînes qui protègent nos frontières sont nos murailles ; l'Auvergne est notre forteresse. Il n'y faut donc pas chercher l'émotion de l'inaccessible. Elle appartient à l'homme, et l'on ne s'y sent point seul avec le ciel, comme sur les sommets tourmentés ou glacés des hautes montagnes ; mais ses grâces rustiques ont un charme que l'on retrouve plus pénétrant chaque fois qu'on y retourne.

J'y ai remarqué du changement. La civilisation y a pénétré ; il faut en prendre son parti. Je n'ai rapporté que déception de certains pèlerinages. Il y a un petit coin, aux environs de Riom, où je me plaisais singulièrement jadis. C'est un hameau nommé Enval ; il est situé dans une impasse volcanique qu'on appelle là, comme dans beaucoup d'autres localités analogues, le *bout du monde*. Autrefois, ce hameau était une merveille pour les artistes. Toutes les

maisons, construites en lave noire, étaient ornées
de plusieurs étages de balcons sans parapets et
sans symétrie aucune, soutenus, ainsi que le
toit, par des arbres tout entiers à peine équarris,
encore couverts de leur écorce, et dépassant la
construction de leurs branches sorties de la
maçonnerie. Les escaliers droits ou en spirale,
suivant les besoins de la distribution, et tous
extérieurs, étaient formés de dalles brutes de
cette légère téphrine de Volvic, qui est poreuse
comme une éponge et plus résistante que le
granit. J'ai vu construire une de ces maisons.
Un petit âne amenait un chargement d'apparence colossale. Le paysan soulevait d'une main
ces planches de pierre et les plantait dans la
muraille, à mesure qu'elle s'élevait, sans s'in-
quiéter de les joindre l'une à l'autre, ni de les
border d'aucune rampe ni support. Les enfants
grimpaient ainsi de marche en marche et des-
cendaient légèrement et sans effroi ces effrayants
échelons jetés dans le vide. Dès leurs premiers
pas, on les habituait à circuler ainsi sans mala-
dresse et sans vertige. Cet étrange village avait
une physionomie que je n'ai jamais trouvée ailleurs. On eût dit, au premier abord, qu'il avait

été construit pour des singes ; mais, dans l'adresse et dans la prévoyance de l'aménagement, on retrouvait l'esprit auvergnat, économe de l'espace et habile à conjurer l'inclémence de son climat. Enval, planté au fond d'une gorge sans issue, est abrité par le rocher et comme défendu par de gros blocs en forme de tours qui surplombent le long des parois de la montagne. La situation est bonne, le terrain généreux, et de beaux arbres occupent le centre de la bourgade. C'est là une promenade dont la nature a fait tous les frais et que j'ai retrouvée intacte ; mais le hameau est à peu près rebâti en entier, et quelques maisons des petites rues n'offrent plus qu'un spécimen altéré et modifié de l'ancien système. Heureusement le fond du vallon, que bordent les habitations principales, est toujours traversé par les ramifications d'un charmant ruisseau qui bouillonne parmi les roches brutes, les buissons et les fleurs. En remontant pendant dix minutes cette eau courante et murmurante, on arrive à l'impasse où il cache sa source, dans un petit chaos délicieux de désordre et de végétation. Tout cela, éclairé par un bon et clair soleil, m'a fait l'effet d'une oasis où l'on aimerait à vivre durant les jours d'été.

Mais l'hiver y est rude, et le ruisseau devient un torrent ; c'est pour cela que les premiers habitants avaient élevé leurs maisons de manière à préserver leurs personnes et leurs récoltes de l'humidité : probablement le vent ne souffle pas dans ce couloir étroit et fermé, car elles semblaient être d'une fragilité extrême.

Je ne veux pas oublier la source minérale d'Enval, propriété d'une vieille bonne femme qui l'a enfermée dans une cahute et qui la vend aux amateurs. C'est une eau limpide et acidulée, délicieuse au goût et dont les habitants de Riom font usage comme eau de Seltz. Ceux d'Enval la prisent à l'égal du vin, et, pour mon compte, je la préférerais beaucoup, quoique le vin des coteaux environnants soit très-bon.

Ces environs de Riom sont une première étape en Auvergne qui mérite bien qu'on s'y arrête quelques jours. Le chemin qui conduit à Châtelguyon à travers les collines luxuriantes est un enchantement perpétuel. C'est une première Limagne accidentée et plus charmante que la Limagne proprement dite. En allant un peu

plus loin, à Volvic et à Pontgibault, on trouve,
après les beaux châtaigniers qui ombragent la
route et les collines, les grandes coulées de lave
et les landes stériles, si l'on peut toutefois appeler stérile un terrain jonché de fleurs et de
framboisiers sauvages, d'où bientôt l'on voit
surgir comme par enchantement la base de cette
chaîne de mamelons qui furent des volcans, et
dont les lèvres noircies semblent prêtes à vomir
encore ces torrents de lave qui ont fait un
océan de pierres de la contrée environnante.
C'est à Pontgibault qu'il faut aller voir ces
vagues de laves grises, d'un aspect navrant,
mais si étrange qu'on ne regrette pas le voyage.
Les routes sont rapides mais excellentes, et l'on
trouve à Riom de bons chevaux et de bonnes
voitures. De là, on se rend à Clermont en un
instant. La crainte de fatiguer mes enfants m'a
fait prendre la nouvelle route. Toutefois, j'ai re-
gretté l'ancienne, qui traversait la chaîne des
Puys et longeait la base du Puy de Dôme. Je
me souvenais d'avoir fait cette route à travers
les nuages par un temps très-froid et dans une
disposition par conséquent mélancolique; mais,
précisément au pied du Puy de Dôme, la brume

se déchira comme un rideau et le soleil dessina
comme des éclairs de lumière sur les flancs du
géant. Cette splendeur ne dura qu'un instant ;
toutefois elle avait suffi pour empourprer les
nuées qui rampaient sur nous d'une lueur rose
et transparente qui dura plus d'une heure. A
travers cette gaze magique, on distinguait les
troupeaux paissant au flanc des montagnes, et
les pentes gazonnées avaient des scintillements
d'aigue-marine. Les sommets restaient envelop-
pés par les nuages, et on ne pouvait se faire
aucune idée de leur hauteur. Je ne vis donc
presque rien, cette fois-là, mais l'éclairage était
si étrange et si agréable, que jamais je ne con-
templai avec plus de plaisir ces beaux portiques
de l'Auvergne, qu'on appelle les monts Dômes.
Pardonnez-moi de vous dire si peu et si mal
des impressions fugitives qui n'apprendront rien
à personne, mais qui rappelleront à quelques
voyageurs que la rêverie et la contemplation sans
but font aussi partie des émotions de voyage.

A vous de cœur.

Nohant, décembre 1874.

MICHEL LÉVY

Tous les journaux ont raconté la manière foudroyante dont cet homme, d'une si forte constitution et d'une énergie exceptionnelle, vient de quitter la sphère d'activité où il brillait parmi les plus célèbres. Michel Lévy était une des âmes de Paris, une de ces âmes ardentes au travail et douées du génie des affaires, dont l'action rayonne sur le monde entier, puissants instruments de civilisation, forces réelles dont l'extinction est un événement public.

Parmi les industries nobles, la librairie est au premier rang. Michel Lévy, parti de rien, — il en faisait gloire et avec raison, — était

arrivé avec une rapidité surprenante à une fortune considérable des mieux acquises, car cette
fortune était un chiffre correspondant aux immenses services qu'il avait rendus à la cause
des lettres ; c'est par lui et par quelques-uns de
ses collègues que la pensée littéraire de la France
au xix° siècle s'est répandue au dehors avec une
promptitude et une abondance de moyens igno-
rés jusque-là ; tout le monde civilisé est arrivé
à connaître et à *lire* la France en moins de
temps qu'il n'en fallait autrefois pour que la
France se connût et se lût elle-même. Le
format Charpentier, le format Michel Lévy, c'est-
à-dire les livres à bon marché mis à la portée
des masses, c'est là une révolution industrielle
et littéraire, qui, au point de vue matériel, a
d'abord semblé préjudiciable aux écrivains. Peu
d'années ont suffi pour démontrer qu'en abais-
sant le prix de la consommation, on créait un
monde de consommateurs, et que, pour leurs
intérêts pécuniaires comme pour l'intérêt plus
élevé de leur renommée, les gens de lettres
avaient à s'applaudir de cette révolution.

Si elle s'est accomplie si rapidement, c'est à
coup sûr à la fiévreuse activité et à l'intelligence

spéciale des grands éditeurs que nous le devons.
Il y aurait ingratitude à méconnaître le fait. Je
me souviens du temps, encore si rapproché de
nous, où nous disions aux éditeurs qui nous
démontraient les résultats de l'avenir : « Oui, si
vous réussissez, tout sera pour le mieux ; mais,
si vous échouez, si, après une immense émission
de livres, vous ne répandez pas le goût de la lecture, vous êtes perdus, et nous le sommes avec
vous ! » Et je faisais cette objection à Michel Lévy
entre autres, que les livres frivoles ou malsains
intéressaient les masses, à l'exclusion des ouvrages
utiles et consciencieux. Il me répondait avec l'intelligence pratique qu'il possédait au plus haut degré :
« Possible et même probable qu'il en soit ainsi
au début, c'est dans l'ordre des choses humaines ;
mais songez à ceci, que les mauvaises lectures
ont un bon résultat inévitable : elles rendent
l'homme curieux de lire, elles lui en donnent
l'habitude, et l'habitude devient un besoin. Je
veux que, avant dix ans, on attende un livre
avec une impatience aussi impérieuse que s'il
s'agissait de dîner quand on a faim. Manger et
lire, il faut créer l'union de ces deux besoins,
et vous direz alors, vous autres, les artistes.

que nous avons résolu votre problème : *L'homme ne vit pas seulement de pain.* »

Les dix ans n'étaient pas écoulés que les grands éditeurs avaient réalisé la prédiction de Michel Lévy, et ceci me conduisit à réfléchir sur la valeur et l'importance du médiocre dans les arts. J'ai eu d'illustres confrères qui se désespéraient sérieusement de voir l'immense succès des ouvrages de troisième ordre dépasser celui qu'ils pouvaient espérer pour eux-mêmes, et penser que l'apparition du livre à bon marché ouvrait une ère de décadence. Ils se sont trompés devant une question de temps; si nous sommes en décadence générale, ce qui ne m'est pas prouvé, la cause n'est pas là. Elle est dans l'effet, toujours grave au début, des innovations importantes. Quand les chemins de fer s'établirent, on crut qu'une foule d'industries seraient ruinées, et on se trompa. Les chemins de fer ont requis plus de voitures et de chevaux, plus de jambes et de bras, sans parler des intelligences, que n'avaient fait les anciens moyens de locomotion. De même l'abondante consommation du médiocre a excité l'appétit de connaître et de juger. Dès que le jugement est formé, le

discernement arrive. Le médiocre, le mauvais
même, est le marteau qui fait tomber la première pierre du caveau où l'intelligence est
murée dans les ténèbres. Le marteau est grossier, mais la main qui le saisit est grossière
aussi et ne saurait en choisir un meilleur. Le
livre prosaïque, la littérature terre à terre,
voilà ce dont l'illettré a besoin pour saisir la
première lueur ; le jour viendra peu à peu
comme il vient pour l'enfant, qui apprend à
comprendre en même temps qu'il apprend à lire,
et, dans cinquante ans d'ici, le mauvais et le
médiocre n'auront plus d'éditeurs, parce qu'ils
n'auront plus de consommateurs.

Ces réflexions sur l'œuvre dont l'initiative
appartient à quelques hommes doués du génie
de leur profession, m'ont semblé nécessaires à
émettre pour caractériser le robuste et fécond
emploi de la vie si bien remplie et beaucoup
trop courte de Michel Lévy. Ce n'est pas seulement un homme riche qui disparaît, c'est une
force intellectuelle qui nous est enlevée.

Elle sera remplacée, dira-t-on. Oui, sans doute ;
mais elle le sera autrement, et, dût-elle l'être
d'une façon absolue, nous n'en devons pas

moins un sérieux hommage à la mémoire d'un des plus puissants créateurs de notre nouveau *modus vivendi* littéraire. Pour réussir dans une entreprise qui a pris un si prompt et si vaste développement, il faut autre chose que l'amour de l'argent..

Aussi Michel avait-il plus d'ambition de gloire que d'appétit de richesses, et, en le décorant, Jules Simon lui a rendu justice. Il a compris en quoi consistaient les services immenses rendus au progrès. C'était de ceux-là seulement que Michel était fier, car aucun homme n'a moins joui de la fortune au point de vue matériel. Il vivait simplement, sobrement, et ne se reposait de ses rudes travaux qu'en lisant un livre ou écoutant une pièce de théâtre. Il était amoureux des arts, épris de musique et de peinture, il était partout où se produit l'essor d'un talent quelconque, même dans des spécialités étrangères à son industrie. Il sentait que tout se tient dans le domaine de l'intelligence et il s'intéressait à tous les genres d'éclosion, à toutes les tentatives de développement. Dix minutes avant sa mort, il assistait à une pièce nouvelle et il racontait à un mien ami qu'il s'était occupé,

le matin, de me rendre un service, et qu'il s'en
occuperait encore le lendemain.

C'est qu'il était l'ami le plus serviable et le
plus dévoué qu'il soit possible d'avoir. Il n'aimait pas tout le monde. Pourtant il aimait
beaucoup de personnes, et il les aimait bien. A
toute heure de sa vie exubérante de travail, on
le trouvait prêt à tout quitter, non-seulement
pour vous être utile, mais encore pour vous être
agréable. Sous une enveloppe un peu brusque,
il avait des délicatesses charmantes et une réelle
bonté. Ceux qui l'ont connu intimement comme
je l'ai connu, surtout dans ces dernières années,
l'ont pleuré et le regretteront toujours.

Je ne parlerai pas de sa stricte probité : elle
est proverbiale, et l'ordre admirable qui régnait
dans ses affaires facilitait l'exactitude minutieuse
avec laquelle il remplissait ses moindres enga-
gements. Il expliquait la plupart des manques
de foi qui se produisent dans le commerce par
le manque d'ordre, et il avait raison. Quant à
sa rigidité dans les transactions, elle était l'inévitable résultat d'une lutte de tous les instants
contre la rigidité des faits industriels. Je veux
et je dois dire qu'il y a cinq ans, ayant avec lui

de graves intérêts personnels à débattre, j'avais
fini par supprimer tout conseil et tout intermé-
diaire, et par invoquer seulement son équité
pour trancher les questions. Il les avait tran-
chées à mon avantage.

La maison importante qu'il a fondée restera
dans les mains de son frère et associé Calmann
Lévy. Les deux frères s'aimaient tendrement et
n'avaient qu'une volonté à eux deux ; c'est dire
assez que la grande entreprise littéraire qui inté-
resse tant le progrès ne sera point ralentie.

Nohant, 8 mai 1875.

AU VILLAGE [1]

La Suisse a ses romanciers d'une valeur incontestable. En ce moment, j'ai sous les yeux le
plus célèbre et le plus estimé, Albert Bitzius,
connu sous.le pseudonyme de Jérémias Gotthelf.
Ses œuvres, écrites en allemand, mériteraient fort
de nous être révélées par une traduction complète; quelques-unes seulement ont été traduites
en français par M. Max Buchon et vont être
publiées par MM. Sandoz et Fischbacher, à Neuchatel et à Paris. J'espère que les éditeurs de
tant d'excellents ouvrages ne s'arrêteront pas là

1. Par J. Gotthelf.

et que nous serons initiés tout à fait à cette littérature vraiment helvétique dont les premiers spécimens m'avaient déjà charmée.

Cette littérature a-t-elle en effet un caractère particulier? Oui, certainement. J'en ai un peu douté jusqu'ici. Sauf un trop grand nombre de locutions familières, de *mots tout faits* d'un caractère démodé, et des tours de phrase un peu lourds, nous n'avions pas vu que la langue des Suisses français fût l'expression d'un génie différent du nôtre. Certes, M. Victor Cherbuliez trahit par l'abus des *mots tout faits* son origine genevoise; mais, en dehors de cette particularité, c'est un esprit aussi bien allemand que français, et, disons-le en passant, c'est un grand esprit, un talent de premier ordre.

La première peinture suisse qui m'ait frappé comme vraiment originale, est celle de Gotthelf: elle est paysanne et montagnarde, et elle n'est que cela. Elle ne fait point d'écarts dans le domaine de la fantaisie; elle coule comme une eau qui va à son but; mais c'est une eau puissante, une source toujours pleine; elle reflète toujours les mêmes aspects, mais elle montre comme dans un miroir la richesse et la variété des tableaux qu'elle saisit et emporte. Gotthelf ne décrit pourtant pas ; à quoi bon décrire quand on a la puissance de faire voir ? Il y a dans les émotions de ses personnages assez de poëme ou de drame intérieur pour que l'imagination saisisse le cadre de ses tableaux vivants. Gotthelf est positif, il est abondant et sobre : ce qui est la solution d'un grand problème. Il parcourt rapidement sa montagne, sans consentir à vous laisser tomber dans la contemplation. S'il est poëte, vous n'en savez rien, et il n'en sait rien lui-même ; mais, rien qu'en vous faisant jeter les yeux sur un détail nécessaire à son récit, il vous transporte en pleine poésie et vous inspire le regret d'avoir passé si vite. Il n'est pas artiste de parti pris, il ne veut pas l'être. On prétend même qu'il affichait un certain mépris pour les règles de l'art, n'attachant à ses récits d'autre valeur que la sincérité, et ne poursuivant d'autre but que la moralisation des bonnes gens. Mais il était doué, et se conformait sans le savoir aux vraies lois de la composition. Tout est en proportion et au point de perspective dans ses récits. Il a du goût sous sa rude enveloppe de couleur rustique, et, sans avoir l'air d'y toucher, il fouille le cœur

humain avec aisance. Il est en même temps
très-pieux et très-gai. Pasteur protestant, homme
du devoir, père de famille, ami tendre et dévoué
de son troupeau, il semble ignorer qu'il existe
un monde troublé et compliqué au delà des horizons de neige. Il dit ce qui le frappe, il rap-
porte ce qu'il entend. Aux premières pages du
premier venu de ses contes, on est tenté de lui
dire : « Ceci ne vaut pas la peine d'être raconté,
c'est l'histoire de tout le monde; » mais bientôt
on est saisi par un état de choses particulier qui
nous révèle les instincts et les affections d'une
race précisément indiquée, race excellente, mâle
et douce, sérieuse, rangée, laborieuse et hospi-
talière. On sent bien que, pour supporter avec
patience les longs hivers de la montagne, pour
suppléer par le labeur et l'industrie à la rudesse
du sol et du climat, il faut des âmes paisibles
et des corps de fer, et l'on comprend, après les
avoir regardés par les yeux de Gotthelf, l'amour
du pays qui caractérise ces nobles types, leur
fière indépendance, la douceur de leurs mœurs,
et le besoin légitime de s'apparténir qui do-
mine tout chez eux. Gotthelf nous fait sentir
tout cela sans aucune déclamation et souvent

sans y faire la plus simple allusion. Il ne tire aucune conséquence de ses études; il les donne telles qu'elles lui sont venues, elles sont belles et touchantes, elles sont vraies, elles sont l'expression de la Suisse telle qu'elle s'est constituée et comportée dans le cours de son histoire.

Gotthelf est né en 1797. Il a commencé à publier en 1836 et il est mort, après avoir beaucoup produit, en 1854. Il a donc décrit une Suisse qui a déjà beaucoup changé. Les chemins de fer et l'affluence des voyageurs ont transformé en apparence une notable partie de la population. Déjà les conteurs et romanciers d'aujourd'hui nous montrent des montagnards, dirai-je plus civilisés? malheureusement oui, si la civilisation consiste à étendre le bien-être matériel au détriment de la sérénité intérieure. C'est du moins en ce sens qu'elle se développe de nos jours. L'homme songe à son corps avant de songer à son être moral. C'est peut-être d'ailleurs une loi de tous les temps, qui nous frappe particulièrement quand nous la subissons. Le Suisse veut s'enrichir, il ne porte plus dans ses travaux la conscience et l'amour du beau et du bon. Il fait de la pacotille. Le commerce l'y excite. Ce n'est pas seulement en Suisse que le bon marché a tué le *bien-faire*. C'est une révolution qu'il faut accepter avec l'espoir que le *bien-faire* redeviendra possible avec l'expérience et le discernement des consommateurs.

De ce que les Suisses sont plus avides de bien-être, s'ensuit-il qu'ils aient perdu leurs grandes qualités de patience et de calme volonté? Nous pensons que ces qualités persistent et que le but seul est changé. Leurs romanciers se sont chargés de nous les montrer tels qu'ils étaient hier et tels qu'ils sont aujourd'hui. M. G. Révilliod, connu par des réimpressions d'ouvrages du xvi⁰ siècle, a traduit de l'allemand nombre de nouvelles intéressantes et remarquables, et M. L. Favre en a écrit d'excellentes en français. *Le Robinson de la Tène, Huit jours dans la neige, André le graveur*, les *Nouvelles jurassiennes*, sont une lecture aussi attachante que n'importe quel récit de Fenimore Cooper ou de Jules Verne. Ce n'est pas le génie ferme et sobre de Gotthelf, mais c'est la grâce plus moderne et la description plus complète des hommes et des choses. Si c'est la peinture d'une Helvétie dégénérée à quelques égards, comme le dit l'auteur en maint

endroit, c'est encore une Suisse si aimable, si
belle et si curieuse, qu'on voudrait, je ne dis
pas y vivre, — ce n'est pas quand la France a
tant de maux à réparer qu'on peut songer à être
heureux loin d'elle, — mais lire souvent ses romanciers, ses historiens et ses poëtes.

Septembre 1875.

FIN

TABLE

IMPRIMERIE CENTRALE DES CHEMINS DE FER. — A. CHAIX ET Cie,
RUE BERGÈRE, 20, A PARIS. — 10828-7.